SHODENSHA
SHINSHO

戦後 日本の首相

——経済と安全保障で読む

中野 明

祥伝社新書

はじめに

国家のＣＥＯは首相である。首相の使命は、国を治め人民を救うこと、つまり「経世済《けいせいさい》民《みん》」の四文字に集約できるのだろう。

経世済民は、「経済」と「安全保障」の二本柱から成る。本書ではこの考え方を基礎にしつつ、戦後七〇年の歴代首相が経済と安全保障にいかに取り組んだのか、その悪戦苦闘の態《てい》を功績と罪過の両面から問いたい。

もともと経世済民の略語だった「経済」は、後に英語の「エコノミー」の訳語として用いるのが一般的になった。人が生きていく上で必要な、財やサービスの生産および分配を考える活動全般が、エコノミーに相当する経済である。

この意味で、いまや経済は経世済民の一部であり、その狭義だと考えるのが妥当だろう。本書で用いる経済という語も、この狭義の意味での経済にほかならない。

また、国を治め人民を救うには、国内の治安を維持しなければならない。同時に国外の脅威から人々を守ることも不可欠だ。これらの活動の総称が「安全保障」である。

安全保障を略して「安保」と書くと、日米安全保障条約が頭をよぎるのではないか。しかし、本書で言う安全保障とは日米安全保障条約のみを指《さ》すのではない。同条約も含んだ国家間の安全保障から、個人の生活を保護する社会保障まで、カバーする範囲をきわめて広くとらえている。だから「人の生活を保障する活動全般」と言ってよい。

使い古された喩《たと》えかもしれないが、国にとって経済と安全保障は、車の両輪に言い換えられよう。経済がなければ人々の暮らしは成り立たない。同様に安全保障がなければ人々は安心して暮らせない。いずれが欠けても国家という車は前に進まない。両輪が適切に回ってこそ車は前に進む。

とはいえ、この車をどこに向けて進めるのかは、ハンドルを握る運転手の判断に与《あずか》るところが大となる。では、国にとってこの運転手とは誰か。

そう、国家のCEOたる首相である。

歴代首相のハンドルさばきを個別に見ていくと、経済施策を前面に打ち出した首相もいれば、安全保障に血道を上げた首相もいる。もちろん双方で何ら実績を上げられなかった首相も、これまた多数いたことがわかる。

加えて、右のごとく経済と安全保障という両輪で日本の戦後七〇年をひもといていくと、現在の日本が置かれている状況、世間でしきりに話題になる問題の深層が、にわかに了解できるのだから不思議なものである。

だから本書は、歴代首相の功罪を単に物語りするにとどまらず、右で言うところの「了解」の手助けをすることこそが、実は真の使命なのである。

では、「戦後　日本の首相」、その七〇年の歴史から筆舌に尽くしがたい醍醐味《だいごみ》を発見する旅へ、いざ行かん。

目次

はじめに　3

第1章　新憲法を決定づけたのは誰か

首相など、まっぴら御免　16
戦後最初の内閣総理大臣　19
「無血開国」という功績　21
国体護持を至上命題に　24
仰天のツーショット　27
幣原内閣の成立　30
最大の課題は新憲法の制定　32
誰が憲法九条を決めたのか　34
「為無為」のための憲法九条　36
GHQの民主化政策　38

低格差社会の端緒《たんしょ》 41
インフレと食糧難の嵐 44

第2章 戦後の日本の形を決めた人物

ワンマン吉田茂の登場 48
吉田茂が首相になるまで 50
夢中で過ごした一年間 53
政権交代するも続く混迷 55
経済と安全保障の表面化 58
緊縮経済から特需景気へ 61
安全保障と講和へ至る伏線 65
矛盾する再軍備拒否と警察予備隊創設 67
サンフランシスコ平和条約の成立 70
日本の戦後を決めた吉田ドクトリン 73

第３章　安保闘争という空疎《くうそ》な時代を経て

ワンマン吉田茂の退陣　80
五五年体制の確立と日ソ国交回復　83
「もはや戦後ではない」の本当の意味　87
石橋湛山、悔い残る降板　91
「昭和の妖怪」現われる　93
政治生命をかけた日米安保改定　96
改善なのに改悪と言われて　99
改定内容を知らなかった学生たち　101
改定安保批准《ひじゅん》と討ち死にする　104

第４章　高度経済成長と先進国への仲間入り

池田勇人と所得倍増計画　108
初当選で大蔵大臣に　110

「寛容と忍耐」の政治 113
「国民所得倍増計画」を提唱する 115
高度経済成長期の日本 119
高度経済成長の要因は何か 121
現代につながる情報化社会の始まり 126
ネット時代の始まり 128
アメリカ大統領との関係 130
先進国の仲間入りという置き土産《みやげ》 132

第5章 日本は歴史の転換点を迎えたのか

佐藤栄作が首相に就くまでの紆余曲折《うよきょくせつ》 138
佐藤長期政権の謎 141
財政赤字の発端はここにある 144
最大の功績としての沖縄・小笠原の本土復帰 146
高度経済成長に沸く日本社会 149

佐藤栄作とサイケ調のネクタイ　152
青天《せいてん》の霹靂《へきれき》だったニクソン・ショック　154
滑稽《こっけい》で寂しすぎた辞任会見　157
戦後の日本を代表する人物とは？　159
日本列島改造論の是非　163
風向きが変わった日本経済　166
現代に続く「田中七〇年体制」の成立　170

第6章　ジャパン・アズ・ナンバーワンを目指す

ドラッカーの隠れた名著『見えざる革命』　174
人口動態に見る「すでに起こった未来」　176
目まぐるしく変わる国のトップ　179
角福戦争から大福戦争へ　183
国民無視の情けない党内抗争　185
「ジャパン・アズ・ナンバーワン」と言われて　189

「ゼンコー・イズ・フー?」と言われた男 191
田中曽根《たなかそね》内閣と揶揄《やゆ》されて 195
日本国有鉄道の民営化に腐心する 198
格差社会の始まり 201

第7章 バブル経済の暴走から崩壊へ

始まりとしてのプラザ合意 204
バブル経済への多様な要因 206
一般投資家による財テク元年 208
「一〇年たったら竹下さん」 210
政府の悲願、消費税導入なる 213
リクルート事件で引責辞任 215
バブルのピークと東西冷戦 218
バブル経済が崩壊する 220
宇野内閣そして海部内閣へ 222

湾岸戦争下のドタバタ劇　225
「数の力」による政権支配　227
宮沢喜一によるバブル経済の後始末　229

第８章　失われた二〇年とは何だったのか

タテ型組織とお殿様　234
驚きの自社さ連立政権の誕生　237
経済の崩壊はいつまで続くのか　240
公的資金をじゃぶじゃぶ投入する　243
小渕恵三首相の悶死《もんし》　245
メディアに嫌われた森喜朗　249
「変人」が政権を取る　253
小泉改革とは何だったのか　255
経済低迷で政治も大混乱　259
自民党政権の末期状態　262

政権は交代したけれど　265

最終章　日本はどこに向かうのか

アベノミクスと三本の矢　270
集団的自衛権と日米ガイドラインの改定　272
吉田ドクトリンを越えて　275
田中七〇年体制との決別　278

おわりに　281

戦後70年　歴代首相一覧　284
戦後七〇年　主な出来事　292
自由民主党　派閥系譜　302
脚注　304
参考文献　310
索引　323

東《ひがし》久《く》邇《に》宮《のみや》稔彦《なるひこ》　一九四五年八月十七日〜十月九日

幣原《しではら》喜《き》重郎《じゅうろう》　一九四五年十月九日〜四六年五月二十二日

第1章　新憲法を決定づけたのは誰か

首相など、まっぴら御免

一九四五（昭和二十）年八月十四日、日本は中立国スイス、スウェーデンの日本公使館を通じポツダム宣言受諾を連合国側に通知した。ここに太平洋戦争が事実上終結する。

この日の夕刻、内大臣木戸幸一《きどこういち》の代理である松平《まつだいら》内大臣秘書官長が東久邇宮稔彦《ひがしくにのみやなるひこ》の屋敷を訪ねた。

東久邇宮に面会した松平は、こう切り出した。

「鈴木《すずき》総理が近く辞職するかもしれません。もしそうなったら、その時は東久邇宮に出馬をお願いすることになるやもしれません」

対して東久邇宮はきっぱり答えた。

「総理大臣になることは、まっぴら御免です」[1]

その名が示すように東久邇宮は皇族の一人で、一八八七（明治二十）年に久邇宮朝彦《くにのみやあさひこ》親王の子として生まれ、のちに東久邇宮家を立てて東久邇宮稔彦親王となった。明治天皇の娘である聡子《としこ》を妃《きさき》とし、自身の姪《めい》である久邇宮良子《ながこ》は昭和天皇の皇后になっている。

さらに、息子である東久邇宮盛厚《もりひろ》は、昭和天皇の娘で現在の平成天皇の姉にあたる成子《しげこ》を妃に迎える。だから昭和天皇との血縁はとても濃い。

一九〇八（明治四十一）年に陸軍士官学校を卒業した東久邇宮は、陸軍歩兵少尉からやがて少佐に進み、第一世界大戦後にフランスのパリ陸軍大学校へ留学する。約七年間欧州で暮らしたあと日本に戻り、陸軍航空本部長や防衛総司令官などの要職を歴任している。

当時の内閣総理大臣すなわち首相は、宮中で天皇の補佐をする内大臣府の長である内大臣が選任して、天皇に奏薦《そうせん》することになっていた。内大臣は内務大臣とは別もので、まぎらわしいため内府《ないふ》とも呼ぶ。

木戸内大臣は、次の首相候補に東久邇宮を選んだ。だから松平秘書官長はその旨を伝えに東久邇宮の屋敷を訪れたのである。

そもそも木戸が東久邇宮に総理就任を打診したのにも、理由があった。

鈴木貫太郎《かんたろう》内閣がポツダム宣言の受諾を決意したものの、軍部強硬派は無条件降伏を潔《いさぎよ》しとせず、国内での徹底抗戦を主張していた。

また鈴木は受諾を機《き》に首相辞任を考えている。そこで木戸は、皇族から首相を立てることで過激な不満分子を抑《おさ》えようと考えて、東久邇宮に白羽の矢を立てたのである。

東久邇宮が首相候補になったのは、これが初めてではなかった。近衛文麿《このえふみまろ》から東条英機《とうじようひでき》へと内閣が移る一九四一（昭和十六）年十月、近衛は当初、東久邇宮を後継首相に考えていたのである。だから東久邇宮には、首相の力量が備わっていたのだろう。

一方、東久邇宮が松平の要請を固辞したのにも理由がある。皇族は政治に関与しないのが不文律である。また明治天皇は軍人による政治の関与も強く制限した（それを破ったのが昭和の軍部である）。東久邇宮は皇族であり軍人であるから、よりいっそう政治から距離をおく必要がある。

加えて、幕末の動乱時に政治に関与した父久邇宮朝彦は開国論を唱え、維新後、広島に流された経験を持つ。

その後、許されて京都に戻ったものの、久邇宮家は他の皇族からも差別を受けて貧窮に耐える生活を余儀なくされた。

同じ轍《てつ》を踏みたくない東久邇宮は「まつぴら御免」と松平に言い放ったわけである。

戦後最初の内閣総理大臣

翌八月十五日正午、敗戦を告げる天皇の声がラジオから流れた。実はラジオから流れた天皇の言葉は生放送ではなく、レコードに録音したものだった。

十四日の夜、終戦に反対する近衛師団の一部がこの録音盤を奪おうと宮内省に乱入する事件が起きている。玉音放送の裏側では軍部の激しい抵抗があったのである。

日本国民が敗戦を知り茫然自失《ぼうぜんじしつ》となったその日の夕刻、松平内大臣秘書官長が再び東久邇宮を訪れた。

松平は東久邇宮に対峙《たいじ》して、鈴木内閣が総辞職を決意したこと、軍部を抑える重臣がいないことに天皇が苦慮されていること、また昨晩発生した軍部の狼藉《ろうぜき》などを説明した上で、木戸内大臣の言葉を伝えた。

「事件は一応おさまったものの、軍の内部は相当に動揺しており、いつ何時《なんどき》同じような事件が発生するかもわかりません。こうした状態なので、とにかく組閣を急ぎます。ぜひ東久邇宮にご出馬いただきたい」

松平の言葉のあと、しばしの沈黙があったに違いない。しばらくして東久邇宮は答えた。

「昨日お話ししたように、総理就任などお断《こと》わりしたいところである。しかし、日頃陛下より寵愛を受けている重臣の中で、この難局に一人立ち上がって鈴木内閣の後を継ぎ、超非常時の大危機を突破する意志を持つ人が誰もいないというのは陛下に対して誠に申し訳ない次第である。ならば、自らを省《かえり》みて甚《はなは》だ不適任ではあるものの、成敗を顧《かえり》みず、総理就任のことを考えなおしてもよい」

「まつぴら御免」から一転して、内閣総理大臣就任を決意した東久邇宮は、翌十六日、宮城《きゅうじょう》に参内《さんだい》し天皇に拝謁する。東久邇宮は天皇から次の言葉を頂戴した。

卿に内閣組織を命ずる。

特に憲法を尊重し、詔書を基とし、軍の統制、秩序の維持につとめ、時局収拾に努力せよ。[2]

大命を受けた東久邇宮は即座に組閣作業に着手した。東久邇宮は政治家との関係が薄いため、閣僚の選出は国務大臣に就任する近衛文麿および緒方竹虎《おがたたけとら》が担当する。

近衛は太平洋戦争中に首相の座に就《つ》き、内閣を三度組閣している。のちに戦犯の指名を受け、収容前に服毒自殺で果てた。東久邇宮内閣では副総理格であり、東久邇宮の後見役を任じたと言えよう。

もう一方の緒方は新聞人出身で、朝日新聞主筆や副社長を務めたあと政界に転じ、やがて自由党総裁に就任する。鳩山一郎《はとやまいちろう》（第３章参照）の次は緒方が首相と目《もく》されたものの、その目前で病《やまい》に倒れ、急死する。犬養毅《いぬかいつよし》の曾孫で、国連難民高等弁務官を務めた緒方貞子《さだこ》は、竹虎の息子の嫁にあたる。

翌十七日、天皇に閣員名簿を提出し、ここに東久邇宮は正式に戦後初の首相として内閣を組閣したのである。ちなみに東久邇宮内閣の大蔵大臣は大蔵省出身の津島寿一《つしまじゅいち》で、その秘書官には大平正芳《おおひらまさよし》（第６章参照）、秘書官事務取扱には宮沢喜一《みやざわきいち》（第７章参照）と、のちに首相を経験する二人が補佐役を担当していた。

「無血開国」という功績

東久邇宮内閣が成立した日から一三日後の八月三十日、大型輸送機「バターン号」が厚《あつ》木《ぎ》飛行場に着陸した。美しい銀色の胴体は、カーキ色の輸送機ばかりの中で異彩を放っている。空は紺碧《こんぺき》で、ちぎれたような綿雲《わたぐも》が点々と浮かんでいた。照りつける灼熱の太陽にコンクリートの滑走路が揺らいでいる。

やがてバターン号の胴体がおもむろに開き、電気仕掛けのタラップが地上に降りた。

やおら黒いサングラスをかけた男が、コーンパイプをくゆらせながら現われて、悠然とあたりを見回す。連合国軍最高司令官で日本の占領政策を指揮するダグラス・マッカーサーその人である。

マッカーサーは実にゆっくりと、一段また一段とタラップを降りた。その間もマッカーサーはパイプを手に周囲を睥睨《へいげい》する。それはどこか芝居気さえ感じる情景だった。

地面に足を降ろしたマッカーサーを記者団が取り囲む。進駐軍の渉外部長に促《うなが》され、マッカーサーは記者団に向かって言った。

「メルボルンから東京まで、思えば長いみちのりだった。しかしついに我々はここまで来た。日本側の武装解除は、何ら血を見ることなくすでに終わった」[3]

カメラのシャッターが一斉に響き渡る。

この場にマッカーサーを出迎えた閣僚は、東久邇宮をはじめ誰一人としていなかった。アメリカは各新聞社の記者らの参加のみを許可したからだ。

しかし、マッカーサーが初めて発した右の言葉を東久邇宮がその場で聞いたとしたら、きっと全身から血の気が引く思いをしたに違いない。

皇族である東久邇宮が首相に就任したからといって、軍部の不穏な動きが止《や》むことはなかった。実際、八月二十日には軍部の強硬派による宮城占拠未遂事件が起きている。

また、米軍の先遣《せんけん》隊が二十六日に厚木に進駐することになり、それまでに日本の飛行機はすべて武装解除しておくよう命令が下った。しかし厚木飛行場の相模原《さがみはら》航空隊は命令を聞かず、二十四日になってもいまだ飛行機を飛ばしていた。

東久邇宮は天皇に上奏し、高松宮《たかまつのみや》を厚木飛行場へ派遣して強硬派の説得に当たらせている。最後まで抵抗していた地上勤務部隊も宮の説得を受け入れ、同日夕刻に飛行場を海軍治安隊に明け渡した。

翌二十五日、アメリカの飛行機が東京の上空を飛行していた。マッカーサーの着任に当たり、安全を確認していたのである。もし厚木飛行場の占拠が解除されないままだったら、きわめて深刻な事態が生じていたことは容易に想像がつく。

実際、アメリカ軍の進駐は、マッカーサーが指摘するように、何ら血を見ることなく行なわれた。それは、明治維新の際に、官軍の西郷隆盛《さいごうたかもり》と幕府軍の勝海舟《かつかいしゅう》が談じて江戸城の無血開城を実現したのによく似ている。

いや、血を流さなかった点では、アメリカ軍の進駐のほうが際立《きわだ》っている。というのも明治維新の場合、江戸城の無血開城後も、彰義隊《しょうぎたい》による上野戦争から東北、箱館と戊辰《ぼしん》戦争は続き多くの血が流れたからだ。アメリカ軍の進駐では同様の争いがなかった。

いまや戦後初の首相の名など忘れ去られているのが現状ながら、日本を「無血開国」に導いた東久邇宮首相の功績は、もっと高く評価されてしかるべきかもしれない。

国体護持を至上命題に

九月二日、東京湾上のミズーリ号で、政府代表重光葵《しげみつまもる》外相が降伏文書に調印した。一九三七（昭和十二）年の盧溝橋《ろこうきょう》事件以来、八年間続いた戦争は、名実ともにここに終結したのである。

日本の占領方針を決定する最高機関は、ワシントンにある極東委員会である。この委員会は、日本の占領をアメリカだけが行なうのに反対し、イギリスやカナダ、ソ連、中国、オランダ、オーストラリアなどの代表で構成したものだ。

もっとも日本の占領政策の実際は、マッカーサーがトップを務める連合国軍最高司令官総司令部、いわゆるＧＨＱ（General Headquarters）が当たった。極東委員会が成立するのはＧＨＱを設置した後だったこともあり、日本の占領政策は現地に拠点を置くＧＨＱの考えが色濃く反映されることになる。

ＧＨＱでは、日本の軍および武器の解体、軍国主義の排除、民主主義の育成を基本方針に、新しい日本を作ろうと考えていた。これに対して東久邇宮内閣の喫緊《きつきん》の課題は「国体護持」、すなわち天皇の戦争責任を回避するとともに、天皇を中心とした国家体系を維持することである。

戦時中の政務については、各省大臣が天皇を補佐（これを特に補弼《ほひつ》と呼ぶ）する責任があった。だから内閣では、法律上天皇には戦争責任はなかった、という点で意見は一致していた。しかしマッカーサーおよびＧＨＱのハラはわからない。

おそらく天皇の戦争責任回避の意図があったのだろう。東久邇宮が首相として内閣記者団と初会見した際に、自身の所信を次のように表明している。

「この際、私は軍、官、民の国民全体が徹底的に反省し、ざんげしなければならぬと思う。全国民総ざんげをすることが、わが国再建の第一歩であり、わが国内団結の第一歩であると信ずる」[4]

悪いのは軍ばかりではないし官ばかりではない。悪いのは国民全体であり、全国民が総懺悔《ざんげ》する必要がある。もちろんここに「天皇」という言葉は一言も出てこない。この東久邇宮の発言が、のちに「一億総懺悔」という流行語に集約されるのである。

東久邇宮とマッカーサーが初めて会見したのは九月十五日のことだ。当時の総司令部は横浜税関にあった。その後、東京日比谷の第一生命ビルに移り、最初の会見から二週間後、このビルで二度目の会談が行なわれた。

東久邇宮は席上、民主主義からはほど遠い封建主義的遺物の皇族である自分が内閣を組織しているのは不適当ではないか。もしそうならば明日にでも総理大臣を辞職する、と述べた。これに対してマッカーサーは、民主的か非民主的かは皇族といった生まれによるものではない。東久邇宮の行動はけっして非民主的とは思わない、と返答した。

天皇の地位に対する言及こそなかったものの、東久邇宮は「皇族といった生まれではなく、その人の思想と行動」というマッカーサーの言葉に胸をなで下ろしたに違いない。というのも、この言葉は天皇にもあてはまるからだ。

仰天のツーショット

天皇がマッカーサーと初めて会見したのは九月二十七日のことである。人目につくということで、会見場所は第一生命ビルを避けて、赤坂のアメリカ大使館になった。

この会見で天皇は、敗戦に至った全責任が自分にあること、自分が任命した文武百官に責任はないことをマッカーサーに述べた。

さらに、自分の身はどうなろうとかまわないから、国民が生活に困らぬよう、連合国の援助をお願いしたいと、胸の内を披瀝《ひれき》している。

マッカーサーは、明らかに自身に帰《き》すべきでない責任もすべて引き受けようとする天皇の態度に、いたく感動した。「この勇気に満ちた態度は、私の骨の髄までもゆり動かした」[5]

とまで、マッカーサー自身が述べている。

もっともマッカーサーは、天皇の態度に感動のみならず安堵《あんど》もした。というのも、アメリカ以外の連合国、たとえばイギリスやオーストラリアからは、天皇の戦争責任を追及する声がきわめて強かったからだ。

これに対してマッカーサーは、天皇を戦争犯罪者として絞首刑になどしようものなら、日本人の反発は必至であり、ゲリラ戦に備えるために軍政を布《し》かなければならないと考えていた。仮にそうなったら一〇〇万人の将兵が必要になり、流血は避けられない。

そもそもマッカーサーは、勇猛果敢な日本軍に押されてフィリピンからオーストラリアへと脱出した苦い経験を持つ。日本軍の恐さを十分に承知していたのである。

しかし、天皇は助命を懇願するわけでもない。これならば、天皇の身を守ることで占領統治を円滑に進めることができるに違いない――。マッカーサーはこう考えた。

こうして東久邇宮が憂慮していた国体護持は、のちの天皇の位置づけはともかく、守られる方向で推移することになる。

もっとも、この出来事と東久邇宮内閣の存続は別問題だった。

天皇とマッカーサーの最初の会見の冒頭にツーショットが写真撮影された。世にも著名なこの写真には、向かって左に腰に両手を当てるマッカーサー、その右に直立不動のモーニング姿で正面を見つめる天皇が写っている。

このツーショットが新聞に載《の》り、日本国民の度胆を抜く。それはそうだろう。いままで現人神《あらひとがみ》と信じられていた人物が、何と占領軍のアメリカ人と肩を並べて一般紙に姿を現わしたのだから。

この事態に山崎巌《やまざきいわお》内務大臣は、天皇の尊厳を傷つけるとして掲載紙を発禁処分にした。しかし世に出た新聞を回収する手立てもなく、後の祭りだ。しかもＧＨＱは発禁処分に激怒し、山崎および内務省関係の首脳、都道府県の警察部長、特高関係者、合計約四〇〇〇名の免職を指示するとともに、政治および思想犯の釈放を要求した。

東久邇宮は、山崎をはじめとした多数の官吏を見殺しにすることはできないという判断から、消極的な抵抗という意味で辞任を決意する。

十月五日、天皇に全閣僚の辞表を提出し、ここに戦後初の内閣は同月九日に総辞職した。東久邇宮稔彦が首相の座に就いていたのは、わずか五四日にしか過ぎなかった。

幣原内閣の成立

話は戻って玉音放送があった八月十五日、ある人物が、天皇の声を日本クラブで聞いたあと、家に帰るために電車に乗っていた。乗り合わせた客に威勢のいい男がおり、大きな声で向こうに座る乗客にしゃべっている。

「戦争は勝った〳〵で、敵をひどく叩きつけたとばかり思っていると、何だ、無条件降伏じゃないか。足も腰も立たぬほど負けたんじゃないか。おれたちは知らん間に戦争に引入れられて、知らん間に降参する。（中略）怪《け》しからんのはわれわれを騙《だま》し討ちにした当局の連中だ」[6]

盛んに怒鳴っていた男は、やがておいおいと泣き出す。すると周囲の乗客は男に呼応するように「そうだ、そうだ」と気勢を上げた。

男の言葉を聞いたこの人物は、深く心を打たれたという。

確かに国民の同意や納得も得ず、戦争は始まった。そして、まるで紙芝居でも見るように、昨日も勝った、今日も勝ったと騙され続け、挙げ句の果てが無条件降伏である。

この大声でしゃべる男にすれば、そののちに東久邇宮が語る「一億総懺悔」などきわめて理不尽な話、ちゃんちゃらおかしくてお話にならない、ということになろう。なぜオレたちが、責任者である当局の連中と同じように懺悔しなければならないのか、と。

実は、電車の中で怒鳴っていたこの男を目撃した人物こそが、東久邇宮内閣が総辞職した後で戦後二番目の首相の椅子に座る幣原喜重郎《しではらきじゅうろう》にほかならない。

幣原は一八七二（明治五）年生まれ、当年七三歳になる。外交官として外務次官や駐米大使を歴任し、戦前は加藤高明《かとうたかあき》内閣、若槻礼次郎《わかつきれいじろう》内閣、浜口雄幸《はまぐちおさち》内閣で外務大臣を務めた。この外相時代に幣原は、親米路線をとり、また中国の内政に干渉しない、いわゆる「幣原外交」を展開した。しかし軍部はこれを軟弱外交として非難したものである。

その後、外相から引退した幣原は鎌倉に隠棲《いんせい》し、戦時中には翼賛《よくさん》政治に反対の態度を示したため憲兵から執拗《しつよう》な脅迫を受けている。

この幣原に大命が下ったのは一九四五年十月六日のことである。幣原が首相に推《お》されたのは、駐米大使を経験した親米家であると同時に、当代きっての英語の達人だったからだ。これだと進駐軍の拒否感も極力押さえ込めるだろう。そして三日後の九日に戦後二番目の内閣として幣原内閣が成立する。

最大の課題は新憲法の制定

現在、幣原喜重郎の人物と業績を知る人は、どちらかと言えば少数派に違いない。しかし幣原は、現在も議論が続く新憲法制定を推進した人物として、長く記憶にとどめておくべき人物である。

そもそも戦後日本の存立に関わる憲法改正は、すでに東久邇宮内閣当時から懸案の一つになっていた。当初この作業は、東久邇宮内閣の近衛文麿が担当した。しかし東久邇宮内閣退陣後、幣原内閣が改正作業を本格的に推進することになる。

十月二十五日、幣原内閣は松本《まつもと》烝《じょう》治《じ》国務大臣を委員長とする憲法問題調査委員会を設置した。同委員会では明治憲法の一部修正を念頭に改正案の検討に入る。

ところが、委員会の改正試案が毎日新聞にスクープされてしまうのである。新聞でこの試案を読んだＧＨＱは、日本側の検討する新憲法が、明治憲法の小さな修正でありきわめて保守的だと判断した。これではお話にならないと考えたマッカーサーは、ＧＨＱ内の民政局に新憲法案の作成を極秘に指示するのであった。

その際にマッカーサーは三つの指針、いわゆるマッカーサー三原則を示したという。国民の最上位としての天皇の地位、戦争の放棄、封建制度の廃止の三つである。ＧＨＱは突貫で憲法案（ＧＨＱ案）を作成して日本政府に示した。

そもそもＧＨＱが新憲法案の制定を急いだのにも理由がある。天皇を戦争犯罪者とするソ連をはじめとした連合国強硬派の声が日増しに高まっていたからだ。

連合国の日本管理の最高機関である極東委員会が強硬派に屈し、天皇の処断をＧＨＱに命じたとしたら、ここまで流血なしに進めてきた占領施策が水の泡になる可能性が高い。ならば極東委員会の指示が出る前に、強硬派が納得する施策を打ち出す必要がある。その策こそが、生まれ変わった日本の進路を宣言する新憲法にほかならない。

幣原内閣は結局ＧＨＱ案に沿って改正案を作成することになり、ＧＨＱとの折衝《せっしょう》を経て、翌一九四六（昭和二十一）年三月六日に憲法改正草案要綱が出来上がる。

明治憲法では、日本は万世一系の天皇が統治し、天皇は神聖にして侵《おか》すべからずという存在だった。対して草案では主権が国民に移り、天皇は国民の「象徴」と規定された。

旧憲法に比較するとこれだけでも驚くべき変化なのだが、さらに注目すべきは「戦争の放棄」および「戦力の不保持」について記した点である。現在、前者は憲法九条の第一項、後者は第二項に制定されているものだ。

戦争の放棄自体は決して珍しいものではない。古くはフランス革命の際に掲《かか》げられたし、一九二八（昭和三）年にフランスとアメリカの提唱で制定された不戦条約（ケロッグ＝ブリアン条約）でも、戦争を放棄して国際紛争を平和的に解決する旨をうたった。

とはいえ、いつ暴力に訴える国が現われて国家の存亡が脅《おびや》かされるとも限らない。そのため戦争こそ放棄するとはいえ、自衛のために戦力を持つことは、国家の安全保障上、必要不可欠である。だから戦争は放棄しても戦力を持たない国はない。

ところが、この世界に類《るい》のない驚くべき宣言をしているのが、憲法九条に掲げる「戦力の不保持」なのである。

誰が憲法九条を決めたのか

天皇制の維持と引き換えに、日本はアメリカから戦争放棄と戦力不保持を押しつけられた——。これが新憲法制定の経緯として一般に考えられている。

しかし、少なくとも世界に類を見ない憲法九条に関しては、これがアメリカの押しつけなのか、日本からの自発的提案なのか、現在も謎のままで決着はついていない。というのも、新憲法起案の当事者である幣原自身が、戦争の放棄および戦力の不保持は自ら進んで決心したもので、けっして外から強《し》いられたものではない、と述べているからだ。

幣原の回顧談によると、幣原が首相の大命を受けた際、最初に頭に浮かんだのが、先にふれた八月十五日の電車の中での光景だったという。幣原はこの時に決心した。野に叫ぶ国民の意思に応《こた》える施策を実行しよう、と。

こうして幣原は「憲法の中に、未来永劫《えいごう》そのような戦争をしないようにし、政治のやり方を変えることにした。つまり戦争を放棄し、軍備を全廃して、どこまでも民主主義に徹しなければならん」と考えた。その上でさらに次のように述べている。

外国と戦争をすれば必ず負けるに決まっているような劣弱な軍隊ならば、誰だって真面目に軍人となって身命を賭《と》するような気にはならん。それでだんだんと深入りして、立派な軍隊を拵《こしら》えようとする。戦争の主な原因はそこにある。中途半端な、役にも立たない軍備を持つよりも、むしろ積極的に軍備を全廃し、戦争を放棄してしもう《ママ》のが、一番確実な方法だと思うのである。[7]

またマッカーサーの回顧録でも、一九四六（昭和二十一）年一月二十四日に面会に来た幣原が「軍事機構は一切もたないことをきめたい」[8]と述べたと記している。つまり戦争と戦力の放棄に関して、アメリカが言い出したのではない、とマッカーサーは主張する。

ところが、幣原の後を継いで新憲法を成立させる吉田茂《よしだしげる》は、戦争放棄の条項について「あれはやはりマッカーサー元帥が先きに言い出したことのように思う」[9]と述べている。

加えて、これとは別に、吉田茂がこの条項を発案したという説もあるほどだ。[10]

このように、戦力の不保持が誰の発案なのかは判然としない。とはいえ、真相はともかく、憲法九条が制定されたのは事実である。そしてこの憲法九条が制定されたことで、いわば日本は「為無為《いむい》」の利点を享受する条件が整う。どういうことか。

「為無為」のための憲法九条

「為無為」とは中国の古典『老子《ろうし》』にある言葉で、「無為を為《な》す」「為す無きを為す」という、きわめて相矛盾《むじゅん》する意味合いを持つ。そして老子は、この為無為であることが世を治める最上の手法だ、と説く。

磁器や陶器をイメージしてもらいたい。土から作ったこれらの器は、何もない空間つまり「無」があるからこそ、そこに水や穀物を入れられる。同じく家屋を想起してもらいたい。家屋も何もない空間、つまり「無」があるからこそ、そこに人が住める。

何もない空間とは、言い換えると「無為を為す」つまり「為無為」の状態と言えるだろう。しかし「為無為」だからこそ、そこに有用性を見出せる。そして老子は、この為無為の思想を治政にも活《い》かせ、と説くのである。

実は、憲法九条がいう戦争と戦力の放棄によって、「為無為」の思想を経世済民に活かす道が開ける。どういうことか。再度、幣原の言葉を読んでもらいたい。

積極的に軍備を全廃し、戦争を放棄する――。

単なる消極的な軍備の全廃で、戦争を放棄するのだとしたら、これは「軍事的無為」だろう。しかしこれを積極的に行なうのだから「軍事的為無為」だ。

そして器や家屋が無為であるがために有用なように、積極的に軍備を全廃して戦争を放棄するという無為が、結果的に軍事的な有用性を帯びてくる。

しかし、そんな相矛盾することが本当に可能なのか。仮に可能とすれば、具体的にどうやって実現するのか——。

回答を引っ張るようで恐縮だが、この点については次章で明らかになろう。

いずれにせよここでは、この「軍事的為無為」の思想が、日本の戦後七〇年における経世済民の通奏低音として響き続けて現在に至っている、とだけ述べておきたい。

GHQの民主化政策

GHQは日本の占領政策として民主化を大きな柱とした。新憲法の起草もこの流れに沿うものだ。もちろんこれ以外にもGHQは民主化政策を次々と打ち出した。

まず注目したいのは、GHQが民主化政策を推進するにあたって採用した基本手法である。占領にあたり日本が強烈な抵抗をすると予想していたアメリカでは、当初日本を直接統治しようとしていた。

しかし日本の降伏が予想以上に早かったため、アメリカでは直接統治から間接統治に方針を転換したという経緯がある。

この結果、ＧＨＱが日本政府に指示を出し、施策の実行は官僚が担当することになった。言い換えると、ＧＨＱは官僚を手足として使って、日本を間接的に統治しようとしたわけだ。この手足となる官僚制度は、戦時中から温存されたものである。

したがって、こと官僚制度について見ると、戦後の断絶は存在せず、戦前戦中から切れ目なく連続しているのがわかるだろう。そしてこれが現在にも続くわけで、これはアメリカが採用した間接統治の結果とも言えるわけだ。

次にＧＨＱは、官僚を手足として使ってどのような民主化政策を推進しようとしたのかについてである。

マッカーサーは幣原内閣が成立した直後、幣原首相に対して民主化に関する五大改革の推進を要求している。①婦人参政権、②労働組合の奨励、③学校教育の自由主義化、④司法制度の改正、⑤経済制度の民主化がそれである。

いずれも民主化には欠かせない方針だ。また、民主化と同時に昭和の日本は、経済格差の比較的小さい社会を実現した。これに大きく寄与したのが⑤経済制度の民主化であり、その具体的施策になったのが「財閥解体」と「財産税」である。

前者の財閥解体は、日本の商業や生産の大部分を支配してきた「産業上および金融上の大コンビネーション」の解体を促進するもので、その方針は東久邇宮内閣時代にGHQから出ており、幣原内閣時代に具体化する。GHQでは財閥の解体を押しつけではなく、あくまでも財閥の自主的な判断として実行しようとした。もちろんこれは表面上の話で、実態はGHQからの指令にほかならない。

自主的財閥解体の意向を最初に受け入れたのは、安田《やすだ》財閥である。これに三井《みつい》財閥、住友《すみとも》財閥が続いた。しかし自主的解体を徹底して拒否したのが三菱《みつびし》財閥のトップだった岩崎《いわさき》小弥太《こやた》である。小弥太は三菱の創業者岩崎弥太郎《やたろう》の弟弥之助《やのすけ》の長男にあたる。

これにはときの幣原首相、さらには幣原内閣で大蔵大臣に就いていた渋沢敬三《しぶさわけいぞう》も大いに弱ったに違いない。というのも、幣原と渋沢はともに岩崎家と縁戚関係にあるからだ。幣原の妻は三菱の創業者岩崎弥太郎の四女雅子《まさこ》、また日本の資本主義の父渋沢栄一《えいいち》の孫にあたる敬三の妻は、弥太郎の孫木内登喜子《きうちときこ》である。

幣原や渋沢の説得で三菱財閥も自主的解体に同意し、ここに戦前から日本経済を牛耳《ぎゅうじ》ってきた三井、住友、三菱、安田の四大財閥が姿を消す。また、財閥家族が指定され同族の経済的影響が排除され、さらに持株会社整理委員会によって、巨大な支配力を持つ持株会社および大企業が次々と解体されていくのであった。

低格差社会の端緒《たんしょ》

話は変わって、二〇一四年から一五年にかけて世界中で話題になった著作にトマ・ピケティの『21世紀の資本』（二〇一四年、みすず書房）がある。ピケティはこの著作の中で、格差社会の進行を防ぐために「世界的な資本税」の導入を提唱している。これは一定額以上の資産を所有する世界中の人々に年次の税金を課すものだ。

実は、財閥解体と同じくGHQが早期の実施を指令した財産税は、ピケティの言う世界的な資本税と基本的に性質を同じくする。違うのは、徴税の範囲が世界ではなく日本国内に限定されたこと、年次ではなく一回限りの税だったことである。

財産税の仕組みは富裕層にきわめて過酷な内容だった。個人の財産に対して、最高税率九〇％という超累進的な税を課したのである。また、一九四六（昭和二十一）年十一月公布、翌年三月納税という時間的余裕がきわめて短いのも不評だった。

そのため、元蔵相で三井合名会社筆頭常務理事を務めた池田成彬《いけだせいひん》などは「古今未曾有《ここんみぞう》天下の悪税」と断じたほどだ。実際池田は、家族全員の預貯金および有価証券を動員しても財産税を支払えなかった、とぼやいている。

この財産税の実施を担当したのが池田成彬と同じ池田姓で、当時の主税局長でのちに首相になる池田勇人《はやと》（第4章参照）である。

財産税の立案にあたり、渋沢大蔵大臣が本当に実行できるかと尋ねたところ、池田は「とることは好きだから、できる」[11]と答えたという。これにより国は一〇〇〇億円の税収を確保し、この金を戦中の国債や経費の償却《しょうきゃく》に充《あ》てたのである。

また、この時期に実行された経済民主化施策で、財閥解体や財産税と若干性格を異にするものに「農地改革」がある。前二者は、ＧＨＱが指示を出し政府が実行した施策だ。これに対して、農地改革は官僚側である農林省から自発的に上がってきた施策であり、この点で前二者とは異なる。

農地改革とは、大地主が所有する土地を小作人にきわめて廉価で売り渡すことを義務づけたものだ。そもそも第一次世界大戦後に各地で頻発《ひんぱつ》した小作争議に端を発し、農地問題（小作問題）は農政の重点課題だった。

戦時中には、戦争の遂行には食糧が欠かせないことから、農林省では地主から小作への農地譲渡を奨励《しょうれい》することで、農業生産力の増強を図《はか》ろうとしていた。しかし芳《かんば》しい効果を得られぬまま終戦になった。そこに降って湧いたのがＧＨＱによる民主化政策である。農林省ではこれを好機ととらえ、農地改革の推進を提案した。

もっともＧＨＱは農林省案による農地解放が不徹底だと考え、大地主にとってより過酷な改革を推進する。これにより終戦時に農地総面積の四五・九％を占めた小作地は、農地改革後には九・九％まで減少し、四二〇万戸とも四七〇万戸ともいわれる小作人がただ同然で農地を手に入れ、土地持ち農家になったのである。

一九六〇年代になると日本は「一億総懺悔」ならぬ「一億総中流」と呼ばれるようになる。一億総中流とは全国民の所得に大きな差が見られないことであり、これは経済格差の小さい社会を示している。

実際、戦前の日本における所得トップ一％の富裕層の所得が全所得に占める割合は、一九・九％だった。それが一九五〇年には七・七％に急落している。代わりに増えたのが中産階級である。

トップ一％のシェア激減は、戦争による物的資本の破壊、それに戦後の日本社会を襲った激しいインフレーションによる金融資産価値の急落もあろう。

しかし、これらを勘案《かんあん》したとしても、この時期に相次いで行なわれた財閥解体や財産税、それに農地改革は、施政者が意図していたにしろ、意図していなかったにしろ、経済格差の小さい日本、一億総中流社会日本を作る基礎になったと言ってもよい。

インフレと食糧難の嵐

ところで、いましがたインフレーションという言葉を用いた。戦後の日本は激しいインフレーション、それに恐ろしいばかりの食糧難にさいなまれた。

戦後の卸売物価指数を、敗戦年の一九四五（昭和二十）年を基準に見ると、四六（昭和二十一）年が四・六倍、四七（昭和二十二）年は一三・八倍、四八（昭和二十三）年に至っては三六・五倍を記録している。

物資不足は深刻で、闇市が各地に横行した。当然、公定価格よりも闇価格のほうが高く、四六（昭和二十一）年は七・二倍、四七年は五・三倍、四八年は二・九倍になっている。

物資不足の中でも特に深刻だったのが食糧である。折り悪しく終戦の年の農作物は歴史的な不作だった。これは全国的に冷え込んだ天候の要因ばかりではなく、戦争による労働力不足や戦時のインフラ破壊による輸送難も大きな原因の一つである。

作家の野坂昭如《のさかあきゆき》は、四五（昭和二十）年七月一日前後から四七（昭和二十二）年十二月二十日までの約二年半にわたる「飢え」はいったいどう表現すればいいのだろうか、とエッセイ「アイ・アム・ハングリ」の中で書いている。

家といっても、物置きを借りていたのだが、まったく何もない、重曹さえも、水にとかして、何かの足しになるだろうと飲んでしまったのだ。野荒しの常習犯、鶏をこっそり盗む術を体得し、犬を殺して食べた、血を抜いた後土の中に二日埋めておくと、くさみが抜ける、本当は味噌で煮るといいのだが、それも手に入らないのだ。[12]

まさに現在からは想像もつかない生活である。また、興味を引くのが、野坂が激しい飢えの期間をかなり正確に記している点だ。

野坂も断《こと》わっているが、これはあくまでも野坂個人の経験によるもので一般化するのは難しい。それを了解した上であえて考えると、終戦から二年半経って、ようやく食糧政策や消費環境と直結するインフレ対策が功を奏して、社会が安定してきたとも考えられる。

実際、この時期にアメリカから緊急食料輸入や、ＧＨＱの経済顧問として来日したドッジによるインフレ抑制策が相次いで実施されることになる。

もっともこの点についてふれるには、幣原内閣の総辞職と吉田茂内閣の成立について先に述べなければならない。

第2章　戦後の日本の形を決めた人物

吉田《よしだ》茂《しげる》　一九四六年五月二十二日～四七年五月二十四日

片山《かたやま》哲《てつ》　一九四七年五月二十四日～四八年三月十日

芦田《あしだ》均《ひとし》　一九四八年三月十日～十月十五日

吉田茂　一九四八年十月十五日～五四年十二月十日

ワンマン吉田茂の登場

幣原が、食糧対策やインフレ対策に無策だったわけではない。たとえば「物価統制令」もその一つである。これはモノやサービスの料金に統制価格を設けるもので、公定による価格を超えた販売を禁止するものだ。しかしすでに見たように闇市が横行し、闇価格は公定価格をはるかに超えるものだった。

また、インフレ対策として「預金封鎖」を行なっている。これは新円との切り替えを機《き》に預貯金を凍結して、銀行引き出しを制限する措置だ。旧円から新円への切り替えは一人あたり一〇〇円とし、残りの旧円は強制的に銀行預金となる。

封鎖預金からの引き出しは世帯主が月三〇〇円、世帯員一人あたり月一〇〇円、給与は五〇〇円まで新円で払い、それを超える分は強制預金となった。しかし世帯員の数を容易に水増しできるなど抜け道が多く、インフレの抑制効果は乏《とぼ》しかった。

施策の実効が現われない中、幣原内閣時代の一九四六(昭和二十一)年四月十日、戦後最初かつ大日本帝国憲法下で最後の衆議院総選挙が行なわれた。

しかし過半数を獲得する政党はなく、鳩山一郎が率いる日本自由党が一四一議席を確保して第一党になった。そのため幣原は内閣総辞職を表明し、自由党が他党と連立して鳩山が次期首相になると目《もく》された。

ところが突如《とつじょ》として鳩山が公職追放の憂《う》き目《め》に遭《あ》う。公職追放とは戦争責任者や戦争協力者などを公職から排除するものだ。鳩山が公職追放リストに上った理由は判然としない。総選挙を前にした鳩山は、反共産党声明を公《おおやけ》にするとともに、反共連盟の提唱を行なった。一説によると、このことがソ連を刺激して鳩山追放が浮上し、ＧＨＱの左翼一派がソ連の主張に乗《じょう》じる結果になったという。

困った鳩山は、当時は親友でのちに仲違《なかたが》いする吉田茂に対して自由党総裁への就任を要請したのである。吉田は固辞するも、すでに幣原内閣は総辞職を表明しており、新たな首相が決まらずにいると幣原内閣は辞めるに辞められない。最終的には幣原の強い勧めもあり、吉田は総裁就任へと傾くことになる。

のちにふれるように、このとき吉田は総裁就任に当たり鳩山に対して三つの条件を出した。この三条件を鳩山が受け入れたため、ここに吉田自由党総裁が誕生する。

首相を辞職した幣原は、先の選挙で第二党となった日本進歩党の総裁に就任し、自由党と進歩党の保守連立による吉田内閣が一九四六（昭和二十一）年五月二十二日に成立する。幣原の首相在任は七カ月余りだった。

ちなみに、当時は大日本帝国憲法下ではあったものの、首相を任命して天皇に奏薦《そうせん》する内大臣は廃止されていた。そのため前任者である幣原がこの任務に当たり、次期政権の見通しが立つのを待って、幣原は吉田茂を首相として天皇に奏薦したのである。

吉田茂が首相になるまで

吉田茂は一八七八（明治十一）年、旧土佐藩士で自由民権運動に心血を注いだ竹内綱《たけうちつな》の五男として生まれた。のちに竹内の親友であり、横浜で貿易商を営む吉田健三《よしだけんぞう》の養嗣子《ようしし》となる。

健三について一言しておくと、この人は福井藩士の出で、幕末にイギリスの軍艦で密航し、ヨーロッパやアメリカに渡った経験を持つ。帰国後、横浜の著名英国商社ジャーディン・マセソン商会を経て、新聞や醸造業、貿易業に携わり一代で莫大な富を築いた。

ところが一八八九（明治二十二）年、四〇歳の若さで養父健三が急死すると、十一歳の茂は健三の残した財産をそっくり相続する。その額は一説に五〇万円（現在価値に換算すると約一〇〇億円）に上ったという。

吉田は学習院大学から東京帝国大学に移り、やがて外交官の道を進んだ。ロンドンやローマに赴任したことはあるものの、外交官としては目立った存在ではなかった。

一九〇九（明治四十二）年、維新の功臣大久保利通《おおくぼとしみち》の二男として生まれ、牧野《まきの》家の養子になった牧野伸顕《のぶあき》の長女雪子《ゆきこ》と結婚する。岳父牧野も元外交官だから吉田の先輩にあたる。枢密顧問官や外務大臣などの要職を歴任する牧野は、吉田にとって頼れる存在だったと言えよう。

三六（昭和十一）年、二・二六事件が発生し、岡田啓介《おかだけいすけ》首相は九死に一生を得たものの内閣は総辞職する。後を襲ったのは外務省出身の広田弘毅《ひろたこうき》で、吉田は外務大臣候補に挙がるも、軍部は親英米の吉田を嫌い実現には至らなかった。その代わりに吉田は広田の推薦で駐英大使としてロンドンに赴任する。

三九（昭和十四）年、吉田は駐英大使を退任すると、以後、六年余り特に公職に就くこともなく暮らす。もっともその間、太平洋戦争の回避に努力し、開戦後は早期終戦のために、吉田との関係が深かった近衛文麿をスイスに派遣する計画を立てた。また、近衛が戦争終結の上奏文を書く手伝いをしたりしている。

ところがこの上奏文の写し（自筆でしかも吉田茂と名まで記してあった）が憲兵隊の手に入るところとなり、吉田は連行されて四〇日間の監禁に処せられている。これが終戦の年の四月である。

しかし「塞翁《さいおう》が馬」という言葉があるように、世の中何がどう転ぶかわからない。戦後、憲兵隊による監禁という事実は、大戦中も吉田は反軍国主義の態度を貫いたと、戦後になって評価される。これは吉田が首相の座に就く遠因の一つになったと考えてよい。

戦後、吉田はいよいよ政界に登場する。その第一歩が東久邇宮内閣での外務大臣就任である。前任の重光葵が東久邇宮と意見が合わず辞職したあとを、吉田が継いだ。

また、続く幣原内閣でも吉田は外務大臣を引き継いでいる。ちなみに幣原と吉田は、外務省時代の一時期に上司と部下の関係にあった。

吉田はこのように二内閣の外相に続いて首相として内閣を組閣する。戦後三代の内閣全てで吉田は要職に就いたのである。

夢中で過ごした一年間

吉田は生涯で五回内閣を組閣している。首相の座には都合七年二カ月も就いていた。ただし連続してではなく、第一次吉田内閣が一年、その後、日本社会党の片山哲《かたやまてつ》内閣、民主党の芦田均《あしだひとし》内閣に政権を譲り、一九四八（昭和二十三）年十月、再び首相に返り咲いて、以後、第二次～第五次内閣を組閣する。

第一次吉田内閣は、幣原内閣から受け継いだ案件の処理に忙殺された。最大の事案は新憲法の国会審議である。

この審議では共産党の首脳野坂参三《のさかさんぞう》が「侵略戦争は不正の戦争だが、自国を守るための戦争は正しいものといってよいと思う。憲法草案においても、戦争を全面的に放棄する必要はない。侵略戦争の放棄に止むべきではないか」[13]と質問している。現在の共産党から考えると、まさに隔世《かくせい》の感《かん》としか言いようがない。

新憲法は第一次吉田内閣の四六（昭和二十一）年十一月三日（かつての「明治節」で明治天皇の誕生日。現在は文化の日）に公布、翌四七（昭和二十二）年五月三日（前年のこの日に戦争犯罪人を裁く極東国際軍事裁判、いわゆる東京裁判が始まった。現在は憲法記念日）に施行された。

もっとも当時の国民にとっては、新憲法の制定よりも「明日食う米」が問題だった。食糧を要求するデモが各地で頻発し、デモ隊が宮城の台所まで押しかける事件も起こっている。食糧危機により一〇〇〇万人餓死《がし》説もまことしやかに流布した。

これに対して吉田は政府の手持ち食糧の放出のほか、農林省の統計に基づいて四五〇万トンの食糧輸入の必要性をGHQに説《と》く。これにより初年度七〇万トンの食糧輸入が実現するのだが、この量だけでも特に多数の餓死者が出ることはなかった。

そのためマッカーサーは、日本のずさんな統計について吉田を責めた。対する吉田はこう言ったものだ。

「戦前にわが国の統計が完備していたならば、あんな無謀な戦争はやらなかったろうし、またやれば戦争に勝っていたかも知れない」[14]

マッカーサーもこれには苦笑せざるを得なかっただろう。傲岸不遜《ごうがんふそん》な吉田の一面を物語るエピソードである。

食糧危機の回避は国民生活の安定を意味する。これと並行して吉田が政策の基調に据《す》えたのが産業復興と経済再建だった。その眼目となったのが「傾斜生産方式」である。

これは産業復興と経済再建に欠かせない石炭・鉄鋼の両産業に集中的に資金を投入する施策だ。両業界に資金を投入する復興金融金庫（略称復金。のちに日本開発銀行に債権・債務を譲渡）も設立されている。

政権交代するも続く混迷

当時の様子を吉田は、その日その日の措置に気をとられ、夢中で過ごしたというのが、第一次内閣時代の偽《いつわ》らざる実情だったと述懐する。やがて瞬《また》く間《ま》に一年は過ぎ、一九四七（昭和二十二）年四月二十五日、新憲法下初の衆議院総選挙が実施された。

選挙の結果、一四三議席を獲得した日本社会党が第一党、吉田が率いる日本自由党は一二議席及ばず第二党になった。吉田は政権を社会党に譲り、下野《げや》する。

社会党の委員長は片山哲である。片山は敬虔《けいけん》なクリスチャンで、社会正義のために弁護士になったという経歴を持つ。三〇（昭和五）年、衆議院総選挙で初当選した。四五（昭和二十）年、日本社会党の書記長、翌年中央執行委員長に就任している。

社会党が総選挙で第一党になった時、書記長西尾末広《にしおすえひろ》は、思わず「えらいこっちゃあ」と叫んだという。西尾のこの言葉から想像できるように、社会党は国を運営できる状態にはなかった。

当初社会党は、自由党との連立政権を目指《めざ》すも、これを吉田が拒否する。その結果、社会党は第三党の民主党、さらに三木武夫《みきたけお》（第6章参照）が書記長を務める国民協同党らと連立を組み、同年五月二十四日に片山哲内閣が誕生する。

片山は、政権で唯一の社会主義的施策である炭鉱の国家管理案を眼目に掲げた。しかしこの法案は野党ばかりか連立与党からも批判され、骨抜きのまま成立する。

一方、社会党は右派と左派の反目が激しいという党内事情があり、目玉法案が骨抜きの事態となり党内左派は激しく反発した。

また農政施策でGHQの怒りを買った右派の実力者平野力三《ひらのりきぞう》農相を片山が罷免《ひめん》するに及び、社会党右派と左派の分裂は決定的になった。さらに左派による補正予算案否決という目も当てられぬ事態が生じ、片山哲内閣は総辞職のやむなきに至る。

一九四八（昭和二十三）年三月十日、政権は民主党党首で片山内閣の外相を務めた芦田均首相に移り、前政権と同じく民主・社会・国民協同との連立内閣が成立した。

芦田は東京帝国大学から外務省に入省して外交官の道に進んだ。三二（昭和七）年、衆議院総選挙で初当選し、日本自由党結党に参加したものの、のちに袂《たもと》を分かち四七（昭和二十二）年に民主党総裁に就任する。

芦田は「私は丹波の百姓の生まれで――」が口癖だった。しかし何鹿郡《いかるがぐん》（現京都府綾部《あやべ》市）の実家は豪農で、郡是《ぐんぜ》製糸（現グンゼ）の創立発起人でのちの社長遠藤三郎兵衛《えんどうさぶろべえ》を叔父に持つ。この芦田政権も長続きしなかった。端緒になったのは、副総理西尾末広の献金問題だった。問題が発覚した時、西尾が「えらいこっちゃあ」と言ったかどうかは定かではない。

この献金問題で西尾が副総理を辞任してつかの間、今度は昭和電工疑獄が起きた。昭和電工社長日野原節三《ひのはらせつぞう》が傾斜生産方式の復興金融金庫融資で、政府要路に贈賄《ぞうわい》していたことが発覚したのだ。これにより、前政権の蔵相で経済安定本部総務長官を務めていた栗栖赳《くるすたけ》夫《お》、さらには西尾までもが逮捕される事態となる。

芦田内閣は道義的責任をとって同年十月十五日に総辞職する。こうして片山が約一〇カ月、芦田はそれよりも短い七カ月余りで首相の座から降りたのである。

経済と安全保障の表面化

芦田内閣の後、野党第一党の民主自由党（日本自由党から名称変更）総裁の吉田茂が再び首相となり、翌四九（昭和二十四）年一月には衆議院総選挙が行なわれた。

結果は、民主自由党が過半数を獲得して第一党に返り咲いた。吉田は政権基盤の強化のため民主党と連立を組むことを目論《もくろ》む。しかし民主党では連立派と反対派が分裂し、民主自由党は連立派を吸収して自由党を設立し、ここに安定多数の政権が成立した。

この頃、国内政治の混乱をよそに世界の情勢は急変していた。アメリカを中心とする資本主義・自由主義国家と、ソ連を盟主とする社会主義・共産主義国家の対立が日を追うごとに鋭くなってきた。いわゆる東西対立である。

両者の対立は四七（昭和二十二）年に決定的になり、アメリカ大統領ハリー・トルーマンは世界規模での反ソ反共政策を提唱した。いわゆるトルーマン・ドクトリンである。

東西対立の火薬庫の一つになったのが、東アジアである。四八（昭和二十三）年、中国では蔣介石《しょうかいせき》の国民党軍と毛沢東《もうたくとう》の率いる中国共産党軍の争いが激しくなり、十二月には共産党が北京を制圧する。さらに翌四九（昭和二十四）年、国民党を台湾に追い出して中華人民共和国が成立し、五〇（昭和二十五）年二月には中ソ友好同盟相互援助条約が締結された。

また朝鮮半島では四八（昭和二十三）年に、東側諸国が支援する朝鮮民主主義人民共和国（北朝鮮）と、西側諸国を背景とする大韓民国《だいかんみんこく》（韓国）とが相次いで成立して南北が鋭く対立する。

このような一連の事態に先立って、アメリカのケネス・ロイヤル陸軍長官は「日本を共産主義に対する防壁にする」という有名な宣言を四八（昭和二十三）年に行なっている。アメリカは日本を軍事的に弱体化させるという従来の方針から、日本を西側陣営の一員として積極的に活用する方針へ大転換したのである。

この方針転換により、アメリカは早期に日本と講和を結んで戦争状態を終結する必要が生じた。そもそもマッカーサー自身も早期の講和推進論者だった。すでに四七（昭和二十二）年一月というきわめて早い時期にマッカーサーは次のように言っている。

占領というのは、まず第一に軍閥体制をつぶすために行なわれた。第二にその他の制度の民主化を図るために行なわれた。第三は経済の再建ということだと思う。第一の話は済んだし、第二の話もかなり緒についている。しかし第三の経済の再建というのは、とめどもなく長くかかる話であった。それが済むまで講和を待つなんていうことはあり得ない。[15]

しかし、アメリカ本国やマッカーサーの意図どおり平和条約を結んで日本を独立させようと思うと、大きな問題が少なくとも二つはあった。

一つは日本の経済的自立である。戦争で荒廃した経済を早期に復興して、独《ひと》り立ちできるようにしなければならない。

もう一つは占領軍が日本から撤退した後の安全保障である。軍備を持たない日本から占領軍が手を引けば日本は丸腰である。そこにソ連の魔手が伸びれば、日本を防共の砦《とりで》にするどころの話ではなくなってしまう。

経済と安全保障――。

本書では「はじめに」で、経世済民は「経済」と「安全保障」の二本柱から成ると書いた。まさにこの経済と安全保障が、戦後の日本の独立に際する最大の懸案事項として表面化してきたのである。

緊縮経済から特需景気へ

アメリカは防共の砦という考えに沿って、まず、インフレーションの早期収束《しゅうそく》と速《すみ》やかな経済復興を目的とした経済安定九原則を、吉田内閣に提示した。一九四八（昭和二十三）年末のことである。そして経済安定化の推進者として、デトロイト銀行頭取ジョセフ・ドッジが翌四九（昭和二十四）年二月一日に来日する。

ドッジは当時の日本の経済状態を竹馬に喩《たと》えたことで有名だ。竹馬の一本の脚はアメリカからの援助、もう一本は国家による補助である。竹馬の脚があまり高くなり過ぎると転倒して怪我《けが》をするので、早期に短くする必要がある。要するにドッジは、歳入に応じた歳出を徹底する超均衡財政の必要性を説き、実際に日本政府にそれを徹底させたのである。

これがかの有名なドッジ・ラインである。

このドッジ・ラインの一環として、輸出入の品目ごとに異なる為替《かわせ》レートの統一を図り、一ドルは三六〇円に決まった。もともとドッジは三三〇円を主張していたものの、アメリカ本国の要請で三六〇円に決まったという。円は三六〇度だからこのレートに決まったという説があるが、真偽のほどは定かではない。

ドッジの来日から間もなくして、今度はカール・シャウプが来日する。シャウプは税制の専門家で、来日の目的は世界で最も優れた税制を日本に導入するためである。これが著《ちょ》名《めい》なシャウプ勧告となる。ドッジ・ラインとともに四九（昭和二十四）年の出来事だ。

第三次吉田内閣の大蔵大臣は池田勇人で、同年にあった総選挙で初当選していきなり蔵相に就任し、世の中を驚かせた。担当責任者としてドッジやシャウプとの折衝《せっしょう》に当たったのはこの池田である。また池田に請われて宮沢喜一が池田の秘書官に就任している。

その宮沢が当時を回顧して、「昭和二五年になってからか、ある日新聞に『泥棒が入ってお金を盗んだ』という記事がありました。物ではないんですね。それをドッジに言ったら、非常に喜んでいたのを覚えています」[16]と述べている。これはお金の価値が見直され始めた、つまりインフレーションの収束を示しているのにほかならない。

もっとも、ドッジの推進する超緊縮財政では、財政再建はできても経済復興は難しい。そこで五〇（昭和二十五）年度の予算は、シャウプ勧告を念頭に減税を実施するとともに公共事業費を増額し、経済安定から経済復興へと大胆に舵《かじ》を切る。

一方、世界の情勢では東西対立が止まず、五〇（昭和二十五）年六月二十五日、韓国と北朝鮮の国境を分かつ北緯三八度線で突如戦争が始まった。朝鮮戦争の勃発である。

アメリカは国際連合に、北朝鮮による侵略だと非難する。会議にはソ連が参加していなかったため決議は可決され、アメリカを中心とした国連軍が韓国に向かった。

朝鮮戦争が始まると、日本はアメリカ軍を中心とした国連軍のいわば兵站《へいたん》を担《にな》う。武器の修理や物資の輸送など、アメリカ軍からの注文が大企業ばかりか中小企業にまで舞い込んだ。特需景気の始まりである。

漫画家つげ義春《よしはる》に「大場電気鍍金工業所」という作品がある。大場電気鍍金工業所は、未亡人のオカミさんと、義男という名の少年工の二人で、金属研磨の賃仕事を細々とこなす零細工場だ。

朝鮮戦争が始まっていくばくかしたある日、この零細工場に三好さんという予科練上がりの職工が現われて新しい仕事を持ってくる。義男は研磨する〝モノ〟を見て三好さんに尋ねた。

「これ？　ピストルの弾みたいだな」

「散弾だよ。バク弾の中にごっそりつめこんどくんだ。アメちゃんの仕事だからな。金払いはいいぜ」[17]

三好さんは表情を変えずに義男に語る――。

すでに見てきたように朝鮮戦争以前、日本はインフレ抑制のための緊縮財政をとっていた。そのため逆に世の中はデフレにあえぐことになる。

そこで吉田政権は積極財政に動く。そこへアメリカ軍から景気の良い話が降って湧いたわけだ。これは大場電気鍍金工業所のような零細工場をも潤《うるお》すことになる。

しかも朝鮮戦争は予想外に長期化した。日本は朝鮮半島の騒乱《そうらん》をよそに急速な経済復興を達成し、一九五一（昭和二十六）年には鉱工業生産が戦前の水準に回復するのである。

予期せぬ朝鮮戦争の勃発は日本の一大転機となり、吉田政権が長期となる端緒になる。

安全保障と講和へ至る伏線

しかし考えれば考えるほど不思議なタイミングだと思う。トルーマン・ドクトリンのあとロイヤル陸軍長官の防共発言があり、日本への施策方針は弱体化路線から経済強化および独立路線に転じる。

この路線に沿ってドッジやシャウプが来日し、日本はインフレ収束を経て経済復興へ舵を切った。そこへ朝鮮戦争による特需景気がにわかに生じる。瞬く間に日本の経済力は戦前の水準を回復するわけで、なんともはやシナリオに書いたような進展だ。

では、日本経済に明るい兆《きざ》しが見える一方で、安全保障のほうはどうか。こちらも水面下で動きがあった。

朝鮮戦争勃発前の五〇（昭和二十五）年四月二十五日、吉田の命を受けた池田勇人が、宮沢喜一と白洲次郎《しらすじろう》を伴って渡米した。当時の池田は蔵相兼通産相の肩書きを持つ。

渡米の主目的は、ドッジ・ラインの緩和をはじめとした経済問題について交渉するためだ。ところが渡米する寸前に、吉田は、講和問題についても話し合ってこい、と池田に命じた。池田は吉田の次の言葉に非常に驚いた。

日本側から何かの形で、アメリカに基地を提供して日本にいてもらうようなことを考えてもいい、ということをワシントンに向かって伝えてこい。[18]

吉田の深謀遠慮《しんぼうえんりょ》はこうだ。

日本から進駐軍が撤退すれば、戦力を持たない日本に軍事的空白が生じる。それならば、日本からアメリカに対して基地を提供し、講和後もアメリカ軍が駐留できるようはかる。そうすれば軍事的空白は生じず、東側諸国からの脅威を解消できるだろう。要するにのちの日米安全保障条約の原型になる構想だ。池田が驚いたのも無理はない。

渡米した池田は、ドッジと経済問題について討議するとともに、安全保障についてもドッジを窓口にした。

池田は日本側の意向を伝えるとともに、ドッジもアメリカ政府の立場を述べた。会見内容のメモは文書化され、池田とドッジがサインし、そのコピーがアメリカ内部で限定配布された。日本側の意向を理解したアメリカ国務省は、対日講和に前向きに取り組み始めるのである。

矛盾する再軍備拒否と警察予備隊創設

アメリカは日本との講和の窓口に、国務長官顧問ジョン・フォスター・ダレスを任命した。のちにアイゼンハワー政権で国務長官に就く人物だ。

ダレスは平和条約の調整のため都合三回日本に訪れている。その第一回目の吉田・ダレス会談が一九五〇（昭和二十五）年六月二十二日、朝鮮戦争勃発の直前に行なわれた。

このときダレスは韓国経由で日本に訪れている。そしてダレスが日本滞在中に朝鮮戦争が起こった。

朝鮮戦争の勃発はいまや、北朝鮮軍が突然三八度線を越えて韓国に侵入したというのが通説だ。しかしその一方で、ダレスのどこか不審なこの動きから、アメリカは朝鮮戦争の発生をあらかじめ把握《はあく》していた、という説もある。

それはともかく、ダレスはこの日本との折衝で、講和独立の要件に日本の再軍備を持ち出した。戦後、再軍備について真剣に議論されたのはこれが初めてだ。もちろんダレスの発言が池田・ドッジのメモを念頭に置いていることは言うまでもない。

しかしダレスの要請に対して吉田は言《げん》を左右にして煮えきらない。アメリカに匹敵するような軍備を整えるには莫大な費用が必要だ。また、それだけの費用をかけたとしても同程度の武装整備は敗戦国日本にとって望むべくもない。加えて、再軍備に対する国民の拒否感も大きい。このように吉田は再軍備を拒否するハラである。

ダレスが言を左右にする吉田の真意を知ったら呆《あき》れただろう。というのも、「普通の国」ならば自衛のために軍備を持とうとするのが常識だからだ。アメリカの押しつけならばいざ知らず、再軍備を拒否するのはどういうことか──。

ところが事態は思わぬ方向に動き出す。六月二十五日に朝鮮戦争が始まって間もなくして、吉田はマッカーサーからの書簡を受け取る。そこには七万五〇〇〇人からなる警察予備隊の新設、および海上保安庁の八〇〇〇人増強について「認可」するというものだった。もちろん認可とは命令にほかならない。

これは日本に駐留するアメリカ軍が韓国に移動することで、日本に軍事的空白ができることを憂慮《ゆうりょ》してのことだ。では吉田は、ダレスと同様、マッカーサーからの要請をもはねつけたのか。

意外にも吉田は、マッカーサーの指示に従って警察予備隊の創設と海上保安庁の増強に素早く動くのである。吉田自身が語るところによると、これはかねてより警察力の不足を問題視していたからだという。この警察予備隊はのちの自衛隊の前身である。

吉田は一方で再軍備を拒否しつつ、やがて自衛隊につながる警察力の拡充を図ったわけだ。この吉田の態度はどこか矛盾《むじゅん》しているように見える。

というのも、警察予備隊はアメリカ製の機関銃やバズーカ砲なども装備したから、戦力を持つ、つまり再軍備と考えるのが常識だろう。しかし吉田は、これらが現代戦に有効な軍備でないことから戦力でない、と言い張った。そのためこの警察予備隊は、やがて誰言うとなく「戦力なき軍隊」と呼ばれるようになる。

そして、一九五一（昭和二十六）年、サンフランシスコ平和条約とともに日米安全保障条約の調印を経て、先に池田を通してドッジに提案していたように、日本は基地を提供してアメリカ軍が駐留する共同防衛体制が成立する。「戦力なき軍隊」しか持たない日本はアメリカの軍事力の傘下《さんか》に入るのである。

サンフランシスコ平和条約の成立

しかし今にして思うと、サンフランシスコ平和条約および日米安全保障条約の締結《ていけつ》は、日本が戦後から現代に至る道を決定づけたという点で、戦後最大の一大イベントだった。では、日本が進むべき道とはどのようなものだったのか。その点にふれる前に平和条約締結の様子をしばし見ておこう。

サンフランシスコ講和会議に参加した全権団は、首相吉田茂を代表に大蔵大臣池田勇人、自由党星島二郎《ほしじまにろう》、国民民主党苫米地義三《とまべちぎぞう》、参院緑風会徳川宗敬《とくがわむねよし》、日銀総裁一萬田尚登《いちまだひさと》の六名という構成だった。

吉田は社会党も加えたオールジャパンを目指した。しかし平和条約の全面講和か単独講和かで社会党が大いにもめ、同党からの参加は見送られたのである。

全面講和とは条約締結対象が西側諸国はもとより、ソ連を筆頭にする東側諸国をも含むことを指す。対して単独講和は東側諸国を除外した西側諸国中心による講和を言う。アメリカと単独で結ぶ講和ではないことに留意したい。

当時の東西冷戦の状況から考えて全面講和は非現実的な状況だった。そのため吉田は単独講和の道を選ぶことで、早期の独立を達成しようと考えたのである。

講和会議は、一九五一（昭和二十六）年九月四日から八日まで、サンフランシスコのオペラハウスであった。参加国は五二カ国で、議長はディーン・アチソン米国務長官である。

平和条約の特徴は、交戦国に対する日本の賠償責任を大幅に軽減する一方で、日本の領土については厳しく制限するものだった。条件についてソ連やポーランド、チェコスロバキアなどの東側諸国から異議が出たものの会議は全体的に円滑に進んだ。そして九月七日、各国全権の演説が終了し、夜の会議の冒頭に吉田が受諾《じゅだく》演説をする。

ここで起こったちょっとした事件について記しておこう。当初、吉田は英語で受諾演説をしようと考えていた。ところが、直前になってアメリカ側から「よろしかったら日本語で」という誘いがあった。そのため吉田は急遽《きゅうきょ》、日本語で演説することにした。

しかし、日本語の原稿は作っていない。たまたまサンフランシスコにチャイナタウンがあったから、そこで紙と墨《すみ》を調達する。そして、英文の原稿を七、八人で手分けしてして和訳する。それを紙に筆記し、スコッチテープでつなぎ合わせて巻紙にした。

本番で吉田は、貼り合わせた紙ごとに字体の異なる原稿を、あたかも別荘のある大磯《おおいそ》に電話をしているかのように、淡々《たんたん》と読み上げた。ただし、外国人には吉田が持つ巻紙がトイレットペーパーのように見えたという。

翌八日、ヴェネズエラを最後に四八カ国が平和条約にサインをし終える。ソ連とポーランド、チェコスロバキアは調印を拒否した。また、中華人民共和国と中華民国は二国に分裂しているため、いずれを代表政権にするか決まらず招待されなかった。韓国も交戦国ではないことから招待されていない。

いよいよ日本が平和条約にサインする番である。吉田を筆頭に日本の全権六名が条約に署名する。アチソン議長は閉会の挨拶《あいさつ》を述べる中でこう言った。

「アワ・フレンド・ジャパン」

午前一一時四四分。日本が再び国際社会に復帰した瞬間である。またこの瞬間、沖縄・小笠原の主権を日本は放棄しないものの、アメリカによる占領継続を認める「潜在主権」が成立した。

さらにその日の夕刻、日米安全保障条約が締結された。こちらは吉田一人による単独の調印だった。

吉田は条約締結の五十数日前から好きな酒と葉巻を断っていた。条約に署名した吉田が宿舎に戻ると、テーブルの上には極上の葉巻があり手紙が添えてある。

手紙には「何十日もお好きなシガーを止めておられたと承《うけたまわ》っていましたが、目出度く調印成った今では、大いに召上がっては如何ですか」[19]としたためてあった。

贈り主は会議の議長を務めたアチソン国務長官だった。

日本の戦後を決めた吉田ドクトリン

日本が国際社会に復帰したあとも東西冷戦は激しさを増す。日本では七万五〇〇〇名の警察予備隊が発足したあと、日米安全保障条約に記してあるとおり海陸両面での防衛力を漸増《ぜんぞう》する。そして、警察予備隊の規模を一一万人に拡大し、さらにその後、警察予備隊と海上保安隊を統合し、内閣直属の保安庁が一体的に運営することにした。あわせて陸上部隊は保安隊、海上部隊は警備隊と改称する。

これに並行してアメリカは、日本に対して再軍備を再三要請した。朝鮮戦争の拡大が大きく影響していたのは間違いない。一九五二（昭和二十七）年一月には、アメリカ側から日本の陸上兵力を三二万五〇〇〇人に増強すべきだと、しきりに主張してくる。
これに対して吉田はこう言った。

日本の現状は、軍事上の要求のみで兵力量を決めるわけにはゆかぬ。今は先ず国に経済力をつけて民生の安定をはかることが先決問題だ。日本は敗戦によって国力は消耗し、痩馬のようになっている。このヒョロヒョロの痩馬に過度の重荷を負わせると、馬自体が参ってしまう、とはっきり先方へ答えてくれ。[20]

翌五三（昭和二十八）年十月、池田は渡米してウォルター・ロバートソン国務次官補に吉田の考え方を説明した（池田・ロバートソン会談）。「自分の国は自分で守らなければならぬという原則に異論はないと思うが、そのことを国民に啓発しているのか」というロバートソンの問に対して、池田は「もちろん異論はないし啓発もしている。しかし生活水準を下げてまでの防衛はダメだ」と強硬につっぱねた。激しいやり合いの結果、日本はアメリカの要求を退けて、二年以内に陸上兵力一八万人への増強で折り合いがつく。

では、吉田がとったこの道とは何だったのか。何をアメリカから勝ち取ったのか。

日本は早期に講和独立して国際社会に復帰しなければならない。しかし今後独立してやっていくには国を富ます必要がある。そのためには経済復興から経済発展が欠かせない。

その一方で、安全保障体制なくして講和独立はあり得ない。それならばアメリカに戦力を依存して安全保障体制を構築すべし。とはいえ丸ごとの依存も困難であるから「戦力なき軍隊」を整備する。これが吉田のとった道にほかならない。

先に、吉田がとった再軍備の拒否と警察予備隊の導入は矛盾するのではないか、と書いた。しかし見方を変えると、警察予備隊が戦力ではないという考えは、再軍備拒否を貫き通しているという点で、吉田の態度は決して矛盾するものではなかった。

前章でふれた「軍事的為無為」を思い出してもらいたい。積極的に軍備を全廃して戦争を放棄するという無為が、結果的に軍事的な有用性を帯びてくる——。

東西冷戦の中、「防共の砦」にしたい日本が丸腰だと困るのは誰か。もちろん西側の盟主アメリカである。

日本を西側に引き止めておきたい。しかし軍備に金をかけられないというのなら、アメリカは応分の負担をせざるを得ないだろう。結果、吉田は国土を守るためにアメリカの防衛力を引き出すことに成功するのである。しかも安全が保障された中で、軍備に多くの費用をかけることなく、経済発展に邁進《まいしん》することができる。

この戦力なき経済重視の戦略こそが、吉田のとった「軍事的為無為」にほかならない。

実際吉田は、再軍備を迫るアメリカに対して次のような態度をとった、と池田勇人が述べている。

(再軍備に対して)「国民の生活が安定して、そういう気持ちが自然に出て来るようになったら」という答を何十遍となくくり返して来たし、場合によっては、憲法第九条を引用して先方を困らせる手も使った。[21]

ダレスはこのような態度をとる吉田を「軍備をサボタージュする古狐(オールド・フォックス)」[22]と呼んだものである。憲法九条まで引き合いに出して「軍事的為無為」を貫くとは、吉田の面目躍如《めんもくやくじょ》ではないか。

ちなみに憲法九条への道は、幣原が敷いたものだった。この幣原内閣時の外相が吉田である。推測の域は出ないものの、以上を念頭に置くと、二人の間には憲法九条を「軍事的為無為」のために利用する示し合わせがあった、とも考えられるわけである。なおこの点については、「文藝春秋」元編集長堤堯《つつみぎょう》が著作『昭和の三傑』（二〇〇四年、集英社インターナショナル）で鋭い論考を展開している。

しかし憲法九条を引き合いに出してまでアメリカと交渉する吉田ながら、国内ではその憲法九条でたたかれるのだから皮肉な話だ。国会では「警察予備隊（保安隊）は戦力ではないか」と、言わずもがなの質問が続く。

「バカヤロー。考えればわかるだろ」

と、吉田は腹の中でつぶやいていたに違いない。そもそも警察予備隊（保安隊）を戦力と認めれば、「軍事的為無為」は成立しないではないか。

こうして吉田は「戦力なき軍隊」であるとか、「戦力とは、近代戦争を有効に遂行し得るだけの装備編成を持つもの」であり「その限界に達しないものは、憲法にいう戦力には該当しない。従って警察予備隊も保安隊も、その規模及び実力からいってこの『戦力』には該当しない」[23]という答弁を繰り返すのである。

その度ごとに当時の吉田は、「どうしてアメリカに対する建前《たてまえ》だということを忖度《そんたく》してくれないのか」と、忸怩《じくじ》たる思いに身をよじらせたに違いない。

いずれにせよ、五〇年代からの日本は、吉田が敷いた「軍事的為無為」の道、いわば「吉田ドクトリン」を基礎にして、目覚ましい発展を遂げることになる。そして現代の日本も、吉田が敷いた道をいまだ歩み続けているのである。

吉田は東久邇宮内閣で外務大臣に就任する際、鈴木貫太郎に教えを請《こ》うた。鈴木は吉田にこう言ったという。

戦争は、勝ちっぷりもよくなくてはいけないが、負けっぷりもよくないといけない。[24]

吉田がとった「軍事的為無為」の道は、まさに戦争に負けた国にしかとれない大胆な道、誠に負けっぷりの立派な道だったのである。

第3章　安保闘争という空疎《くうそ》な時代を経て

鳩山一郎《はとやまいちろう》　一九五四年十二月十日～五六年十二月二十三日
石橋湛山《いしばしたんざん》　一九五六年十二月二十三日～五七年二月二十五日
岸信介《きしのぶすけ》　一九五七年二月二十五日～六〇年七月十九日

ワンマン吉田茂の退陣

戦後日本が進む道を決めた吉田茂が、サンフランシスコ平和条約の締結時、あるいは一九五二（昭和二十七）年四月二十八日の条約発効時に、使命を終えたとして退陣していたとしたら、吉田に対する世間の評価はもっと高かったかもしれない。しかしその後も吉田は首相の座を離れず、ワンマン振りが顕著《けんちょ》になる。

五三（昭和二十八）年二月二十八日、社会党西村栄一《にしむらえいいち》の質問に対して、「バカヤロー」とつぶやいた吉田の言葉をマイクが拾い、大問題となる。これが原因で内閣不信任案が可決されるも、吉田は内閣総辞職を拒否して衆議院を解散する。いわゆるバカヤロー解散だ。

また五四（昭和二十九）年には、造船会社と大物政治家との贈収賄が露見し、容疑は吉田派の有力者佐藤栄作《さとうえいさく》（第5章参照）や池田勇人にまで及びそうになる（造船疑獄）。検事総長から佐藤逮捕の許諾請求が出るも、ちょうど国会会期中だったため犬養健《たける》法務大臣（この人は犬養毅の三男である）は、「重要法案の通過の見通しがつくまで延期する」という命令を検事総長に行なった。いわゆる指揮権発動である。造船疑獄はこのままうやむやになる。

このような横暴もあって、反吉田の風潮が政界のみならず世間にも漂《ただよ》った。中でも吉田に対して最も熾烈《しれつ》な態度をとったのが鳩山一郎とその一派だろう。

一八八三（明治十六）年生まれの鳩山は、元衆議院議長鳩山和夫《かずお》を父に持つ。東京帝大卒業後に弁護士となり、一九一六（大正五）年に衆議院議員に初当選する。戦中の翼賛《よくさん》選挙（東条英機が進めた議会操作のための選挙）では非推薦で当選した自由主義者である。

四五（昭和二十）年、鳩山は日本自由党を結党して総裁となり、同党は戦後最初の選挙で第一党に躍進した。しかし幣原喜重郎の後を継いで鳩山が首相になると思いきや、公職追放に遭って総裁の椅子を吉田茂に譲る。こうして吉田が首相の座に就いたことはすでにふれた。問題なのは総裁の椅子を譲った際の鳩山と吉田の約束だ。

吉田は自由党の総裁就任を受ける際に三つの条件を示して鳩山もこれを呑《の》んだ、と前章で記した。この三つの条件とは、①金作りはしない、②閣僚の選定には口出ししない、③嫌になったらいつでも辞める、であったと吉田自身が述べている。

ところが鳩山の回想によると、吉田が提示したのは三条件ではなく四条件だったという。吉田が述べる三つの条件に加え、④公職追放が解けたら総裁は鳩山にやってもらう、という一条があったと鳩山は主張する。
しかも吉田の回想では口約束だったのに対して、鳩山は「四カ条かの書いたものを向うから持つて来た」[25]と述べている。ところが鳩山は、吉田の言葉を信じていたから、この「書いたもの」をぞんざいに扱い、「何うしてしまつたのか紛失してしまつた」[26]というのだ。こうして今や、吉田と鳩山、いずれの主張が正しいのかは闇の中である。

鳩山の公職追放が解除となったのが、五一（昭和二十六）年八月五日のことだ。鳩山側からすると「四条件」なわけで、総裁の椅子を譲ってもらうのが当然だ。この態度を公然と表明したのが、翌年九月、鳩山が政界に復帰した第一声の演説である。

追放解除から政界復帰までに一年余りも時間がかかったのは、公職追放解除の二カ月前、鳩山は脳溢血《のういっけつ》で倒れ、死は免《まぬか》れたものの身体が不自由になってしまったからだ（公職追放解除の報を聞いたのは病床でのことである）。

そのため、反吉田を鮮明にした鳩山に対して、病体の鳩山に総裁および首相の激務は無理だから推挙できない、と吉田はにべもない態度をとった。

以後、吉田と鳩山による政争が二年間続く。ワンマン吉田のイメージは決定的となり、また吉田の持つ貴族趣味も世間の批判するところとなった。

ちなみに貴族趣味といえば、吉田は養父から莫大な遺産を相続したと前に書いた。吉田の娘和子《かずこ》によるとそれは早くに使い果たし、それ以降は和子の夫で代議士の麻生太賀吉《あそうたかきち》が金の工面をしていた。この太賀吉と和子の長男が麻生太郎《たろう》（第8章参照）である。

造船疑獄により決定的ダメージを受けた吉田は、一度は解散総選挙を目指すも、周囲の反対により断念して内閣総辞職を選択する。その前に自由党を割っていた鳩山は、重光葵や岸信介《きしのぶすけ》らとともに日本民主党を結党し、吉田政権の不信任を声高《こわだか》に叫んでいた。こうして首班選挙で鳩山が選ばれ、五四（昭和二十九）年十二月十日、鳩山内閣が成立する。

世の中ではテレビ放送が始まり（五三年）、力道山《りきどうざん》によるプロレスブーム（五四年）が世間を席巻《せっけん》していた。

五五年体制の確立と日ソ国交回復

鳩山が政権を取ると世の中は鳩山ブームで沸いた。吉田長期政権に対する嫌気もあったのだろうが、首相の座を前にした公職追放や脳溢血による不自由な身体と、鳩山に対する同情がブームの一因になったのは確かだろう。

また、鳩山がたびたび口にする「友愛」は国民の支持を受け、艶福家《えんぷくか》だけれど愛妻家の「ソフト鳩山」に世の女性も大いに親しみを感じたという。

鳩山内閣が成立すると、即座に総選挙が行なわれて民意が問われた。結果は鳩山ブームを背景に、民主党が改選前の一二四人から一八五人へと議席を大幅に積み増した。これに対して、総裁が吉田から緒方竹虎に代わっていた自由党は議席を一八〇人から一一二人へと大きく減らしたのである。第一党日本民主党の総裁鳩山が首相に選ばれ、ここに第二次鳩山内閣が成立する。

鳩山が首相時代に成し遂げた仕事には大きく二つある。保守合同による自民党の設立、それに日ソ国交回復である。

当時の政党の勢力を見ると、保守勢力は民主党と自由党に分裂し、また革新勢力も社会党右派と社会党左派に分かれていた。

鳩山政権下の民主党幹事長岸信介や同党総務会長三木武吉《みきぶきち》らは、民主党と自民党をともに一旦《いったん》解党して、全く新しい保守勢力の集結を目指していた。

もちろんこんな大きな話がスムーズに運ぶはずはない。ところがそのような中、右派と左派に分裂していた社会党が四年ぶりに合同したのである。これに大いに刺激された自由党と民主党は新党創設を決断し、一九五五（昭和三十）年十一月十四日、新党名を自由民主党とすることに決定する。翌十五日、結党大会を開催し、原子力の平和利用や現行憲法の自主改正などを党の政綱（政策綱領）とすることを宣言した。

ここに、保守自民党に対する革新社会党という五五年体制が成立する。

ただ、その後の社会党を見るに、自民党の政策反対に終始するのみで、政権担当を真剣に考える政策を打ち出せない。したがって五五年体制は二大政党体制というよりも一・五大政党体制だったと言うのがしかるべきだろう。

なお、吉田茂と佐藤栄作は自由民主党に合流しなかった。両名が自民党に入党するのは鳩山政権の後継となった石橋《いしばし》内閣の時である。

次に鳩山の最大の功績である日ソ国交回復について見てみたい。すでに述べたように、鳩山は大の社会主義・共産主義嫌いでこれが禍《わざわい》して公職追放になった。

その鳩山が社会主義の大本山ソ連との国交回復を目指すとは少々不思議なのだが、これには鳩山ならではの理屈があった。

そもそも鳩山が日ソ国交回復を公表したのは、公職追放後、政界に復帰して第一声を上げた時だ（これは反吉田を鮮明にしたときでもある）。サンフランシスコ平和条約は単独講和で、ソ連は調印をしていない。だからいまだにソ連とは戦争状態にあると言える。そのため鳩山は、早期にソ連と国交を回復して、いまだシベリアに抑留されている日本人の帰還を行なおうと考えた。また、国連加盟を目指していた日本は、拒否権を持つソ連の賛同を得たい、という実務的な必要もあったのである。

鳩山は、この任務こそ共産主義が大嫌いな自分に最適だと考えていた。というのも、共産主義を毛嫌いする鳩山だからこそ、国交を回復したからといってソ連からイデオロギーを押しつけられる懸念はない、との理屈からだ。

鳩山はさっそく日ソ交渉に着手した。しかしながら領土問題で暗礁《あんしょう》に乗り上げ、一度は交渉が無期限休会となる。その後、五六（昭和三十一）年、交渉が再開となり、十月に鳩山がモスクワ入りし、同月十九日、日ソ国交回復の調印が行なわれたのである。

条件では「歯舞《はぼまい》、色丹《しこたん》は平和条約が発効した時に即時日本の領土とする」とした上で

「平和条約のため引き続き交渉を継続する」ことになった。

要するに鳩山は領土問題を棚上げにして人命を優先した。「領土は何年経つてもなくなることはないが、人の命には限りがある。救える時には、一日も早く救つてやらなければならない」[27]というのが鳩山の考えだったのである。領土問題はロシアと係争中で解決に至っていない現在、鳩山の判断はきわめて見識が高かったように思う。

ちなみに私事ながら、今年で八一歳になった筆者の母親は、太平洋戦争時に歯舞諸島にある水晶島《すいしょうとう》で暮らしていた。筆者の祖父が島で昆布漁をしていたのである。

しかしソ連の侵攻があるからと戦争末期に島から逃げ出してきた。そのため筆者は、北方領土元在住者の血縁者として水晶島に二度訪れたことがある。

もちろん元島民を親に持つ筆者が、鳩山後も交渉が続く北方領土問題の早期解決を願っているのは言うまでもない。

「もはや戦後ではない」の本当の意味

日ソ国交回復がなった五六（昭和三十一）年、同年七月十七日発行の『昭和31年度版経済白書』は、「もはや『戦後』ではない」と明記したことで、つとに有名になった。しかしいまや独り歩きしているこの言葉ほど、世間から誤解されているものはない。

白書がこの言葉を掲載したのは「結語」でのことだ。一般にこの言葉は、「もはや戦後とは言えないほど、日本の経済は発展した」という意味で解釈されているのではないか。しかし、これに続く言葉も併《あわ》せて読むと、筆者である経済企画庁内国調査課長後藤譽之助《ごとうよのすけ》が言いたかったのは、一般的解釈とは全く異なる内容であることがわかる。

もはや「戦後」ではない。我々はいまや異なった事態に当面しようとしている。回復を通じての成長は終わった。今後の成長は近代化によって支えられる。そして近代化の進歩も速やかにしてかつ安定的な経済の成長によって初めて可能となるのである。[28]

このように、日本経済は戦後を脱して目出《めで》たし目出《めで》たし——というニュアンスでは全くない。従来の日本経済の発展は、戦後の復興(白書では「回復」と書く)による賜物《たまもの》であって、今後の成長は復興ではなく近代化が鍵になる。だから、「もはや戦後ではないから気を引き締めよ」というのが、筆者の意図にほかならない。

先に一九五一（昭和二十六）年には鉱工業生産が戦前の水準に回復したと書いた。これは実質国民総生産も同様で、昭和九〜十一年平均が三一兆八〇〇〇億円だったのに対して、五一（昭和二十六）年には三四兆五九五〇億円を達成している。

加えて朝鮮戦争の特需で景気はさらに好転し、その後金融引き締めで景気は急速に低迷するも、五四（昭和二十九）年末を底に大好況が到来した。世に言う神武《じんむ》景気である。この好景気は五七（昭和三十二）年六月まで三一カ月間続いた。

この神武景気の頃、日本人の生活は大きく変わった。五六（昭和三十一）年八月、公団住宅の第一回募集が行なわれ「団地族」という言葉が生まれた。木賃アパートに住む大衆にとって公団住宅は高嶺《たかね》の花だったのである。

団地族の流行とほぼ時を同じくした五五（昭和三十）年、電気洗濯機、電気冷蔵庫、白黒テレビが「三種の神器」としてもてはやされた。そもそも三種の神器とは日本神話からの借用で、本来は日本の歴代天皇が継承してきた鏡・勾玉《まがたま》・太刀《たち》を指す。この現代版が洗濯機・冷蔵庫・テレビというわけだ。

中でも急激な勢いで普及したのがテレビである。この現象に評論家大宅壮一《おおやそういち》は「一億白《はく》痴《ち》化」と斬り捨てたものである。しかし大宅の言葉をよそにテレビの普及は止まらず、五九（昭和三十四）年の皇太子殿下のご成婚でさらに急上昇する。民間から妃《きさき》になる美智子《みちこ》さんを一目見ようと多くの家庭がテレビを購入したのである。六〇（昭和三十五）年、テレビの普及率は東京や大阪で四〇％を超えた。

三種の神器以外にもミキサーや電気炊飯器、電気コンロなど、新たな電化製品が次々と市場に投入されたのがこの時代だ。ほかにも高級婦人着物や食生活の変化、教養娯楽費の増加など、これらの現象を指して五九（昭和三十四）年の『経済白書』は「消費革命」と表現した。

欧米に追いつけ追い越せの技術革新は新たな電化製品を生みだし、これが一斉に大衆市場に流れ込む。これを都市部に住む雇用の安定した人々が購入し、やがて全国へと波及していく。このように日本の高度経済成長は、輸出品の拡大もさることながら、旺盛《おうせい》な国内需要もその背景に存在したのである。

石橋湛山、悔い残る降板

日ソ国交回復の調印をモスクワで終えた鳩山は日本に帰国すると引退の準備にとりかかった。鳩山はソ連との国交回復を一世一代の仕事と考え、これを終えたら首相を辞任して政界を去ろうと考えていたのである。

鳩山の辞意《じい》を受け、自民党では総裁選挙を行なう。立候補者は石橋湛山《たんざん》、岸信介、石井《いしい》光次郎《みつじろう》の三人である。第一回投票では岸、石橋、石井の順だった。しかし決選投票で石橋が岸を破り、五六（昭和三十一）年十二月二十三日、石橋は衆参両院で首相に指名された。

石橋は東京毎日新聞（現在の毎日新聞とは無関係）の記者を経て東洋経済新報社に入社し、戦時中に同社の社長に就任した。帝国主義を批判し、戦時中も自由主義的論説でならした人である。中でも植民地放棄を提唱した「小日本主義」は大きな話題となった。

戦後いち早く、科学立国を目指せば日本は前途洋々だと国民を鼓舞《こぶ》し、四六（昭和二十一）年に成立した第一次吉田内閣では大蔵大臣として入閣した。この蔵相時代に石橋は、緊縮財政を進めようとするＧＨＱと真っ向から対立する。のちに公職追放になったのはこの反抗的態度が原因だったと言われている。

難局を堪え忍んでようやくつかんだ首相の座である。石橋は積極経済論者らしく「一〇〇〇億減税・一〇〇〇億施策」や「中共貿易拡大」を打ち出した。翌五七（昭和三十二）年一月には全国遊説《ゆうぜい》にも乗り出している。国民もお手並み拝見と、石橋政権に期待したに違いない。

ところが同月二十三日夜、石橋は築地の料亭で会食後、帰宅して発作《ほっさ》を起こした。脳梗《のうこう》塞《そく》だったと言われる。石橋はもともと血圧が高いのに、すき焼きは朝から食べるほど好物だった。もちろん普段の食生活のみならず、遊説による過労も影響したのだろう。

二月二十二日、石橋は医師からさらに二カ月の療養が必要との診断を受けて首相辞職を決意する。新内閣の首相として予算審議に一日も出席できないことがわかった今、首相としての進退を決すべきだと考えたからだ。

二十五日、石橋内閣は総辞職した。在任はわずか六五日である。その間、石橋は首相として一度も議会壇上から国民に訴えることはできなかった。石橋の代理として施政方針演説を行なったのは、首相臨時代理になった外相の岸信介である。

「昭和の妖怪」現われる

石橋が総辞職すると、外相兼首相臨時代理だった岸信介が首相に指名され、同年二月二十五日、岸内閣が成立した。

岸は佐藤秀助《さとうひですけ》と茂世《もよ》の次男として山口市に生まれた。曾祖父の佐藤信寛《のぶひろ》は、長州が生んだ幕末の志士吉田松陰《よしだしょういん》と交遊があり、維新後は島根県令を務めている。秀助・茂世夫婦には三男七女があり、長男の市郎《いちろう》は海軍中将まで昇進し、また三男で実弟の栄作は岸と同じくのちに総理大臣になる人物だ。

実の兄弟ながら岸信介と佐藤栄作の苗字が違うのは岸が養子に出たからだ。岸の父で山口県庁に勤めていた秀助は岸家から佐藤分家に入った婿養子で、信介は父親の生家の養嗣子《ようし》になったのである。

また、三男の栄作は、佐藤本家の寛子《ひろこ》を娶《めと》り本家を継いでいる。したがって、市郎（佐藤分家）、信介（岸家）、栄作（佐藤本家）ともそれぞれ一家の当主である。

茂世の弟で佐藤本家を継いだ松介《まつすけ》の夫人藤枝《ふじえ》は、松岡洋右《まつおかようすけ》（国際連盟脱退時の外相）の妹だ。さらに茂世の妹の長男寛《ひろし》は、岸とは対立する立場にあった吉田茂の長女桜子《さくらこ》を娶る。ほかにも、日産コンツェルンの総帥鮎川義介《あいかわよしすけ》も遠い親戚にあたる。

さらに岸の娘洋子《ようこ》は寛の子で元外相の安倍晋太郎《あべしんたろう》と結婚し、その一人息子が現在の首相安倍晋三《しんぞう》である。安倍は自分の父晋太郎よりも、祖父である岸信介への敬愛がひとしおである。このように岸の背後には、華麗《かれい》かつきわめて複雑な家系が存在するのである。

岸は、東京帝国大学法学部を抜群の成績で卒業し、農商務省に入省する。一九三六（昭和十一）年、商工省（農商務省が二分された一方で、もう一方は農林省）を辞し、満州国実業部次長として、同国経済政策の最高責任者となる。

岸はまさに白地のキャンバスに絵を描くように、満州産業開発五ヶ年計画を実行していく。その眼目となったのが、鮎川義介の日産コンツェルンを丸ごと満州に移植した満州重工業開発株式会社の設立である。

当時、満州における実力者を「二キ三スケ」と呼んだ。参謀長東条英機、総務庁長官星野直樹《ほしのなお》、満鉄総裁松岡洋右、満州重工業総裁鮎川義介、そして岸信介である。驚くべきは姻戚《いんせき》関係にある「三スケ」が満州を牛耳っていたという事実だろう。世間に岸の名が知れ渡るのも、この満州での活動の与《あずか》るところが大きい。

本国に戻った岸は商工次官に就任し、満州で磨いた統制経済の腕を本国でも発揮しようとする。統制経済とは、ソ連流の計画経済ほどではないものの、国が一般的な経済活動に規制を加えて統制をはかるものだ。「革新官僚」と呼ばれた岸のこの考え方は、当時商工大臣で自由経済主義者だった小林一三《こばやしいちぞう》（阪急東宝グループ創業者）と激しい対立を招き、小林は岸を「アカ」と呼んだものである。

四一（昭和十六）年、岸は東条英機内閣の商工大臣として入閣する。二人は満州時代以来の付き合いで、東条が岸の手腕《しゅわん》を買っての抜擢だった。しかし、サイパン陥落後の戦争遂行で、反対派の岸は内閣を去り官僚職も辞任している。

終戦後、A級戦争犯罪人になった岸は巣鴨《すがも》プリズンに入る。死刑必至と岸は観念していたものの、起訴を免れて三年後に釈放《しゃくほう》となる。一年間の公職追放を経て政治活動を再開した岸は、五三（昭和二十八）年に実弟佐藤栄作の斡旋《あっせん》で自由党から衆議院総選挙に出馬し当選する。復活した岸は鳩山派の大物として反吉田の立場を鮮明にし、やがて総理の座を射止めるのである。

この異常なほどの強運からか、人は岸を「昭和の妖怪」と呼んだ。

政治生命をかけた日米安保改定

岸の首相在任は一九五七（昭和三十二）年二月二十五日から六〇（昭和三十五）年七月十九日の三年四カ月にわたる。その間の経済は、岸が首相に就任した直後から一時的に景気は低迷するも（なべ底景気）、その後いわゆる岩戸《いわと》景気が、五八（昭和三十三）年七月から六一年（昭和三十六）年十二月まで四二カ月間続いた。まさに日本が高度経済成長へとまっしぐらに突き進む時代である。

仮に首相が石橋のままだと、この時期にかなり積極的な経済政策を打ち出して、日本経済の発展をさらに後押ししたのではないか。一方、岸は経済施策よりも戦後補償および安全保障に関する施策に心血《しんけつ》を注いだ。

第一次世界大戦後の対ドイツ賠償問題では、ドイツに多大な賠償を求めた結果、これがファシズム台頭《たいとう》の遠因となった。この轍《てつ》を踏まないためにも、国際社会は大戦後の日本に対して賠償政策を大幅に緩和した。

しかし東南アジア諸国はこの政策に不満で、個別的な賠償を行なうことになった。岸はこの問題に積極的に取り組み、首相就任直後から東南アジア各国を次々に訪問し（第一次六カ国、第二次九カ国）、賠償問題に筋道《すじみち》をつけている。これは岸を語る際にあまり取り上げられない大きな功績である。

次に安全保障に関する施策だが、岸が傾注したのは吉田が締結した日米安全保障条約の改定である。岸本人が言うように、これは「私の政治生命をかけた大事業」[29]であったし、実際にそうなったのである。

当時の事情に詳しくない人でも、「安保」と言えば「安保改正反対」という言葉が浮かび、さらには徒党を組んだ学生が「安保反対」を叫びながらデモ行進する情景をイメージするのではないか。そのためか「安保」という言葉にはどこか暗いイメージがある。

五七（昭和三十二）年六月、岸は第一次東南アジア訪問を終えたあとアメリカに渡る。そして、当時のアメリカ大統領アイゼンハワーとの間で、岸・アイゼンハワー共同声明を発表した。この声明の中で、吉田政権時代に締結した日米安全保障条約が暫定《ざんてい》的なものであり、今後は国民の願望に適合するよう調整する旨を宣言したのである。これが安保改定の始まりとなる。

そもそも岸が日米安全保障条約を改定しようとしたのは、条約が不平等なため日本にとって不利な点があったからだ。①アメリカの日本防衛の義務が明文化されていない、②駐留アメリカ軍の配備や装備がアメリカの自由勝手で、日本側の希望や事情を反映していない、③条約の期限が明確でない、などがそれである。

岸はこれらを改定して平等な条約内容にしようと考えたのである。実際の改定にあたり岸は、アメリカによる日本の防衛義務を確定するとともに、安保条約と国連関係を明確にしてアメリカの勝手な戦争に日本が巻き込まれないようにした。また、アメリカ軍の配備については事前協議制を導入し、さらに条約期限を一〇年(岸は当初五年と考えていたようだ)と区切ることにもアメリカの同意を取りつけた。

実はアメリカに対する安保改定協議は岸が最初に行なったのではない。鳩山内閣時代に重光外相が渡米して改定協議を打診している。しかしその当時はほぼ門前払いに近い状況だった。それを考慮に入れると、岸による安保改定はアメリカから大きな譲歩を引き出したと言える。

改善なのに改悪と言われて

日米交渉は一九五八（昭和三十三）年末におおむねまとまり、翌五九（昭和三十四）年四月までには改定条約の調印に至る計画だった。

ところが岸の意に反して、国内の世論は革新勢力を中心に安保改定に否定的だった。条約改定により、日本がアメリカの世界戦略に組み込まれる危険性が高いとの主張である。これにより安保改定反対運動が活発化する。これが世に言う安保闘争である。

もっとも運動が活発化したのには岸の失策にも原因がある。五八（昭和三十三）年十月、岸は突如として「警察官職務執行法（警職法）」の改正案を国会に提出したのである。従来デモなどと称して法の制限を超えた集団的活動が横行しており、治安上これらを取り締まる法律が必要だとの考えからの法案提出だった。

これに革新勢力が飛びついて、「特別高等警察（特高）の復活」「デートもできない警職法」といったキャンペーンをはる。

これは岸にとって大きな誤算だった。そもそも岸は、戦中の大物政治家であり、A級戦犯にも指定された人物だ。その男が戦時中を即座にイメージさせる特高の復活を目指していると聞けば誰しも驚くだろう。たちまち警職法改正反対の運動が活発化し、大ストライキが起こる。結局、法案は同年十一月に廃案となる。

しかしこのタイミングは岸にとってあまりにも悪かった。警職法改「悪」のイメージがそのまま安保改定にも結びついたのである。あの「昭和の妖怪」が安保改「悪」で日本を戦前に引き戻す、といったように。

坊主憎けりゃ袈裟《けさ》まで憎いではないけれど、安保改定の中身もよく確かめもしなかった群衆が、安保反対を声高に叫ぶようになった。

当時、東京大学の学生だった経済学者野口悠紀雄《のぐちゆきお》が、著作『戦後日本経済史』（二〇〇八年、新潮選書）の中で、とても興味深いことを書いている。[30]

野口のクラスでは、安保反対のデモに三人だけが参加しなかった。野口もその一人だったという。デモに参加者した自治会委員からは「君たちは知的に遅れているし、不誠実である」と罵倒《ばとう》されたそうだ。

当時は皆一緒にデモに参加しなければならない雰囲気があった。しかし野口はそうしなかった。「安保改定のために日本が戦争に巻き込まれるという理屈は馬鹿げている」というのがその理由だった。

しかし野口は「なぜ、一緒に行動しないのか」、その確たる理由が本当のところわからなかったという。その後、「安保闘争とは何だったのか？　あのデモは、意味があるものだったのか？」と自問自答《じもんじとう》したという。

野口がその答えを見つけたのは意外にもごく最近のこと（執筆時は二〇〇八年）、田原総《たはらそう》一朗《いちろう》の著作『日本の戦後（上）』（二〇〇三年、講談社）を読んでのことだったという。

この本の中で田原は、当時の共産主義者同盟の指導者だった森田実《もりたみのる》に「改正安保は、既存の安保よりよくなったのでないか」という質問をぶつけた。森田は答えた。

「その点がぼくらの弱いところで、反対の明確な理由づけは出来なかった」[31]

森田は安保改定が改悪ではなく改善であることを知っていたのだ。これを読んだ野口は長年の疑問が氷解《ひょうかい》し、あのデモは「根拠なき熱狂」だったと結論づけている。

改定内容を知らなかった学生たち

さらに興味深いのは、田原総一朗が右の著作に記している別の記述だ。

当時、田原は大学を卒業し、先輩の多くが学生運動の猛者《もさ》だというある映画制作会社に就職した。最初の仕事で失敗した田原は干《ほ》されてしまい、暇《ひま》だから組合の人たちと一緒に国会に向かい、毎日デモに参加していたという。もちろん「安保反対、岸退陣せよ」と叫びながら。

ところが田原は、当時の自分自身を次のように告発している。

だが、恥をしのんで告白すれば、このとき私は、吉田茂首相が結んだ日米安全保障条約がいかなるもので、また岸信介首相がどこをどのように変えようとしているのか、ほとんど知らなかった。安保条約の条文を読んだことさえなかった。それでいて「安保反対」、「岸退陣せよ」だったのである。岸首相の安保改正が、吉田首相の安保条約よりも日米対等に近くなった、つまり改悪どころか改善であることもよくわかっていなかった。

実は、私を含めてデモに参加していたほとんどの人間が、吉田首相の安保条約も、岸首相の新安保条約も読んではいなかったはずである。[32]

当代きってのジャーナリストであるあの田原総一朗ですら、安保改定の中身も知らずにデモに参加していたのである。また、あの舌鋒《ぜっぽう》鋭い野口悠紀雄も、田原の記述で疑問が氷解したと書いているのだから、やはり安保改定の中身を理解していなかった。

この二人ですらそうなのだから、田原が書くように、群衆の多くもやはり安保改定の中身、旧安保よりも改善された中身については無知だったのだろう。だとするとまさに野口が書くようにあの安保闘争は「根拠なき熱狂」という言葉がふさわしい。

岸は当時を振り返って「一部の者が国会の周りだけを取り巻いてデモっているだけで、国民の大部分は安保改定に関心をもっていない。その証拠に国会から二キロと離れていない銀座通りでは、いつものように若い男女が歩いているし、後楽園では何万の人が野球を見ている」[33]と語っている。

いわゆるサイレント・マジョリティは私を支持しているのだ――。岸はこのように言いたかったのだろう。

そして、岸が言う「一部の者」の多くが、条約の内容も知らずに騒いでいたのである。

これがいわゆる六〇年安保闘争の実態だったようだ。

改定安保批准《ひじゅん》と討ち死にする

もっとも岸の手法にも問題があった。調印のあと改定安保を国会が批准しなければならない。岸はこの国会審議で焦《あせ》りを見せた。というのも、アイゼンハワー大統領から訪日の約束を取りつけており、その予定が一九六〇（昭和三十五）年六月十九日だったからである。岸はそれまでに批准を済ませて大統領を迎えたいと考えたのだ。

参議院の自然承認という最悪の事態を考えると、三〇日の猶予が必要になる。よって、改定安保の国会批准後にアイゼンハワーを日本に迎えようと思うと、五月十九日に衆院通過が不可欠となる。しかも今国会の会期末は五月二十六日だから会期延長も必要になる。

岸は五月十九日から二十日未明にかけて、五〇日の会期延長と改定安保批准の強行採決を自民党単独で行なったのである。岸自身が語るようにこの非常手段は「法的には有効であるが政治的には最悪」[34]だった。改定自体は間違っていなかった。しかし手法には問題があった、ということだろう。これは岸の功罪を見事に言い当てているように思う。

議会政治のルールを半ば無視した暴挙で、岸および安保改定に対する非難はさらに高まる。ピークとなったのは自然承認が決定する直前の六月十五日、東大生樺美智子《かんばみちこ》がデモ参加中に圧死するという悲劇が起きたのである。その翌日、岸はアイゼンハワーの訪日延期をアメリカ側に要請するとともに、内閣総辞職をも決意した。

六月十八日から十九日にかけて、岸は総理官邸で過ごした。十九日の午前零時を迎えれば、改定安保批准は自然承認となる。

総理官邸には暴徒が乱入するという噂《うわさ》があった。岸は閣僚をそれぞれの役所に帰し、実弟の佐藤栄作だけが総理官邸に残った。

「兄さん、ブランデーでもやりましょうや」

深夜の総理官邸で兄弟二人がブランデーをなめながら時を待つ。午前零時、自然承認の時刻を迎えた時は本当にホッとした、と岸は語っている。

六月二十三日、批准書の交換が行なわれて条約は発効した。岸内閣は正式に総辞職を表明する。次期自民党総裁の選出には三週間ほどかかった。自民党大会総裁選の立候補者は石井光次郎、藤山愛一郎《ふじやまあいいちろう》、池田勇人の三人だった。

七月十四日、吉田はもちろんのこと、さらには岸も推した池田が当選し、十八日に池田は国会で首相に指名され、翌日内閣を組閣した。

総裁選の日、暴漢に襲われた岸が股《また》を刺されるという事件が起きた。しかし岸辞任後、安保反対運動は潮《しお》が引いたように消滅する。理由もわからず「安保反対」を叫んでいた人々が、とにかく岸を辞任に追い込んだことで溜飲《りゅういん》を下げたからだろうか。

ちなみに宮沢喜一は安保闘争について、サブスタンス（実体）がなく、中身は非常に乏しいもので、済んでみると何も残っていない、「あれは中味のない騒ぎであった」[35]と述べている。

やはり六〇年安保闘争は「根拠なき熱狂」だったのだろうか。

第4章 高度経済成長と先進国への仲間入り

池田勇人《いけだはやと》　一九六〇年七月十九日〜六四年十一月九日

池田勇人と所得倍増計画

「吉田学校」という言葉がある。

これは吉田茂が多くの政治家を門下から輩出《はいしゅつ》したことからついた言葉だ。この吉田学校の出身者として双璧《そうへき》をなすのが、岸の後を継いで首相の椅子に座った池田勇人、さらに池田の後を継ぐ佐藤栄作である。

池田の首相在任は一九六〇（昭和三十五）年七月十九日から六四（昭和三十九）年十一月九日の約四年四カ月と長期政権を維持し、続く佐藤栄作に至っては池田が降りた同日から七二（昭和四十七）年七月七日までの約七年八カ月にも及ぶ。佐藤の首相在任期間は戦後の歴代首相で最も長い。

また、二人の在任期間を見ると、岸が政権を担《にな》った六〇年の七月までを除き、池田と佐藤が六〇年代の首相の座を丸々占めている。したがって池田と佐藤は六〇年代における「日本の顔」と言っても過言《かごん》ではない。

この六〇年代の両巨頭、実は若くから不思議な交錯があり、どこか因縁浅からぬ関係にあった。

池田勇人は一八九九（明治三十二）年、広島県豊田郡吉名村《とよたぐんよしな》にある地主の家に生まれた。女三人、男二人の姉弟で、姉三人に続き長兄、その末っ子が池田であった。

勉強ができた池田はやがて難関の第一高等学校（通称一高）を志望する。当時は一高から東大に進むのが秀才コースである。

池田の受験地は名古屋で、そこで偶然出会ったのが〇一（明治三十四）年生まれの佐藤栄作だった。佐藤も山口から一高受験のために名古屋にやって来ていたのだ。

池田は一高入学に失敗して熊本にある五高行きとなってしまう。しかも佐藤栄作も池田と同様だったのは誠に奇妙な縁である。

しかし池田は一高が諦《あきら》められず、翌年再受験する。ところが二度目の受験にも失敗した池田は五高に再入学となった。その結果、佐藤は池田と先輩後輩の間柄になる。

その後、池田は京都帝国大学法学部、佐藤は東京帝国大学法学部と大学こそ違ったものの、やがて二人は同じ官吏《かんり》の道を歩む。池田は大蔵省、佐藤は鉄道省だった。

当時の超エリートは東大から大蔵省または内務省に進むのが一般的だった。京大からではあれ、大蔵省に入省した池田は安堵《あんど》しただろう。しかしそれもつかの間、突如として池田は不遇《ふぐう》をかこつ。水疱ができて痛みと痒《かゆ》みが全身を襲う落葉性天疱瘡《てんぽうそう》という難病にかかったのである。この結果、池田は大蔵省を休職して三年半を棒に振る。

その後、税務畑の官吏として大蔵省に復職は果たすものの、栄進の道はきわめて厳しくなった。池田は自嘲《じちょう》気味に自分自身を「赤切符」[36]と呼んだ。赤切符とは当時の三等列車の切符のことで、一等や二等ではなく「オレは三等」の意味である。

初当選で大蔵大臣に

それならば、ということだろう。池田は復職となった税務畑での知識を誰にも負けぬくらい吸収しようと考える。こうして一九三四（昭和九）年の玉造《たまつくり》税務署長を振り出しに、主税局経理課長、国税課長、東京財務局長、そしてとうとう主税局長、さらに四七（昭和二十二）年には大蔵省事務方のトップである大蔵次官にまで昇り詰めるのであった。池田が四七歳になる年である。

ところで、赤切符に通じる言葉に「三等重役」がある。小説家源氏鶏太《げんじけいた》が五一（昭和二十六）年から「サンデー毎日」に連載した同名の小説で有名になった言葉だ。戦時中に企業の重役に就いていた人は、戦後、戦争協力者として公職追放に遭った。その後を受けて社長に就くのが、戦時中に「三等重役」だったために公職追放を逃れた人々だ。

池田の場合、病気のために出世が遅れた。ところがそのお陰と言うべきか、戦時中に要職に就いていた同期は公職追放の憂き目に遭う。赤切符の池田はいわば「三等重役」として大蔵次官の席を射止めるという、池田すら予想しなかった展開となったのである。

大蔵次官に就任した池田が、政界からも注目されるようになったのは当然だと言えよう。中でも池田に目をつけてしきりに政界入りを勧めたのが、あの吉田茂である。池田自身も政界に打って出たい野望を持っていたようだ。

四九（昭和二十四）年の衆議院総選挙で、池田は民主自由党から出馬して初当選する。そしていきなり第三次吉田内閣の大蔵大臣に就任したことはすでにふれた。吉田に引っ張り上げられた池田は吉田学校の一員になるわけである。

では、この頃、佐藤栄作は何をしていたか。実は佐藤のほうは、池田が大蔵次官になった四七（昭和二十二）年に、やはり運輸省のトップである運輸次官に就いている（左遷の憂き目に遭っている佐藤もやはり三等重役だった）。そして翌四八（昭和二十三）年、第二次吉田内閣の官房長官に非議員で就任し、池田よりも一足早く吉田学校の一員になる。

ただし、議員に初当選するのは池田と同じ四九（昭和二十四）年の衆議院総選挙のことである。もちろん民主自由党からの出馬である。だから池田と佐藤は議員歴でも同期、そしてともに「吉田の秘蔵っ子」と呼ばれるようになる。やはり奇妙な縁だ。

ただし、二人が吉田に接する態度は大きく違ったようである。佐藤は吉田の別荘がある大磯に足繁く通い、吉田に相談することしきりである。ところが池田のほうはあまり吉田に寄りつこうとしない。きわめて重要な案件について事務的に報告する程度である。

吉田からすればどちらが可愛いのか。もちろん頻繁に顔を出す佐藤のほうだろう。しかしそれでも池田は、吉田学校の二枚看板の一人として活躍する。これは池田の初入閣の経緯からもわかるように、吉田が池田の手腕《しゆわん》を買っていたからだろう。その手腕とはもちろん国家の経済運営にほかならない。そして首相になった池田は、自分の得意な経済分野で日本をぐいぐい引っ張っていくのである。

「寛容と忍耐」の政治

前首相の岸が強引な手法で改定安保の批准を押し通し、政治に対する世間の風当たりは非常に厳しい。そのためであろう。首相に就いた池田は「寛容と忍耐」を政治モットーに、「低い姿勢」で政権運営に当たることにした。この路線は従来の池田からすると大きな転換だった。

そもそも池田は無骨《ぶこつ》でぶっきらぼう、ずけずけとものを言う直情径行《ちょくじょうけいこう》な性格だった。その典型がたびたび起こした失言である。

最も著名な失言は「貧乏人は麦を食え」だろう。これは議員に初当選した池田が、吉田内閣の大蔵大臣当時、国会で行なった答弁の一部だ。

しかしこれは本来の発言と趣旨が微妙に異なる。そもそもこの発言は、米価格の値上げに対して麦価格を低く抑える政策に対する問いに池田が答えたものだ。いわく「所得に応じて、所得の少ない人は麦を多く食う、所得の多い人は米を食うというような、経済の原則に副《そ》ったほうへ持って行きたいというのが、私の念願であります」[37]という答弁だった。これを新聞が「貧乏人は麦を食え」と報道して大問題になったのである。

「貧乏人は麦を食え」以上に問題になったのが「中小企業の五人や十人倒産して自殺してもやむを得ない」という意味の発言だろう。この発言は一九五〇（昭和二十五）年三月のものだったが、それから二年後の五二（昭和二十七）年、社会党右派の加藤勘十《かとうかんじゅう》が、その後中小企業に対する心境の変化はあるかと池田通産大臣に質問した。池田はこう答えた。

「その後におきましても、何らかかわりはございません。ここではつきり申し上げますが、インフレ経済から安定経済に向いますときに、この過渡期におきまして、思惑その他の、普通の原則に反した商売をやられた人が、五人や十人破産せられることはやむを得ない――お気の毒ではありまするが、やむを得ないということを、はつきり申しておきます」[38]

何もそこまで言わなくてもいいのに、と誰しも思うのではないか。

仮に言っていることが正しいとしても、言いようというものがあるだろう。この発言により池田通産大臣の不信任案が衆議院で可決されてしまったのである。

一連の事態から世間が、「傲慢《ごうまん》な池田」の印象を持ったとしても不思議ではない。その池田が、首相に就任するや「寛容と忍耐」を低い姿勢で唱えたのである。

もっとも、この方針は池田本人の発案ではない。池田の片腕であり、池田内閣で官房長官に就任した大平正芳が「とにかくここは、池田さん、忍耐しかないですよね」と言ったことから、「忍耐」がキーワードの一つとなる。

さらに池田のもう一方の片腕で、当時すでに代議士になっていた宮沢喜一が、ジョン・スチュアート・ミルを引き合いに出して「寛容というのはどうですかね」となって、結局、「寛容と忍耐」が政治モットーになった。

そして不思議なことに、池田が「寛容と忍耐」と宣言してやり始めると、「だんだん化けの皮が剝《は》がれなくなって、寛容と忍耐の人みたいになった」[39]と宮沢は述べている。

「国民所得倍増計画」を提唱する

「寛容と忍耐」を政治モットーに池田が取り組んだのが、経済施策である。中でも「国民所得倍増計画」は、池田内閣の一枚看板と言ってもよい施策だった。

国民所得倍増計画とは、今後一〇年以内に文字どおり国民の所得を倍増することを目標とする政策を指す。

計画では、一九六〇（昭和三十五）年度国民総生産一三兆六〇〇〇億円（昭和三十三年度

一三兆円）から年平均九％の経済成長を達成し、七〇（昭和四十五）年までに二六兆円を目指す。これを国民一人当たりの個人消費支出で見ると六万三六三六円を一四万七〇〇〇円に引き上げることが目標になる。

以前にも若干ふれたように、日本経済は五八（昭和三十三）年七月から四二カ月も続く岩戸景気に突入していた。岩戸景気が始まったこの五八年というのは、日本の高度経済成長を語る上でも象徴的な年だった。もっともよく表わしているのが、富士重工業が同年五月一日に発売した軽自動車「スバル３６０」である。

スバル３６０の曲線を強調したその愛らしいデザインは、フォルクス・ワーゲン・タイプⅠを小型化したように見えた。タイプⅠは「ビートル（かぶと虫）」が愛称だったから、スバル３６０は「てんとう虫」と呼ばれるようになる。販売価格は四二・五万円で、当時の小学校教員の初任給が八四〇〇円（昭和三十四年四月現在）だったことを考えると、日本国民にとっては高嶺の花だった。

しかし従来、自動車といえば企業や官庁の所有車、でなければタクシーと相場が決まっていた。その中で、一般大衆を対象にしたスバル３６０の販売台数は五八年型が三八五台、それが六一年型では一万七〇〇〇台を超えている。この数字を見ると、この車が日本のモータリゼーションの将来を象徴するような自動車だったことがわかるというものだ。

　また、テレビの人気は衰《おとろ》えることなく、五八（昭和三十三）年には東京タワーが完成し翌年放送を開始している。六〇（昭和三十五）年には、テレビの普及台数が五〇〇万台に達し、さらにこの年にカラーテレビ放送が始まっている。テレビは早くも白黒からカラーの時代へと移行を始めたわけだ。

　このように消費が爆発的に拡大しようとしているまさに絶好のタイミングで、池田は「所得が二倍になる社会」を目指そうと、国民を鼓舞《こぶ》したのである。それは国民にとって具体的で明るいビジョンでもあった。

　もっとも池田は、この国民所得倍増計画が、社会主義国家の目指す計画経済ではない点を強調した。政府としてはあくまでも、経済発展のための環境整備に徹《てっ》することを狙《ねら》いとしたのである。具体的施策は大きく五つあった。

　まず、農業の近代化である。これは生産性に格差がある、農業と他の産業とのいわゆる二重構造を解消しようというものだ。

次に、中小企業の近代化である。こちらも生産性に大きな違いがある大企業と中小企業の格差を解消することを狙いにした。

続いて、後進地域の開発促進である。これは経済発展に遅れをとった地域を開発し「地域間の均衡ある発展」を目標にする。この考え方はやがて「国土の均衡ある発展」というスローガンへと発展していく。

ちなみに、「地域間の均衡ある発展」が提唱されるのが六二（昭和三十七）年のことだ。この年に田中角栄《たなかかくえい》（第5章参照）が、第二次池田内閣の大蔵大臣に就任しているのは象徴的だ。のちに「日本列島改造論」を唱える田中の主張は、池田政権が掲げた「地域間の均衡ある発展」と基本的な考え方は同じなのである。

四つ目は、産業を適正に配置するとともに、公共投資の地域別配分を再検討する。これは「地域間の均衡ある発展」ともリンクするもので、一極集中した工業地帯を分散するために、太平洋ベルト地帯構想が持ち上がる。

最後は世界経済発展への協力である。こちらでは強力な輸出振興策を打ち出すとともに、観光や海運に力を入れることを目標にしている。特に輸出入関連については、輸出二七億ドル、輸入三一億ドルを、それぞれ九三億ドルと九八億ドルに引き上げるとした。

しかし、国民総生産や輸出額の目標値は、当時としてはあまりにも高い数字で、目標達成は困難だろうという見方が支配的だったのである。

高度経済成長期の日本

では、少し先走ることになるが、国民所得倍増計画の目標年次である一九七〇（昭和四十五）年の主要経済指標がどういう結果になったのかを、確認しておきたい。

国内総生産（名目）を見ると、七〇年は七三兆一八八〇億円（暦年ベース）となった。同じく暦年ベースで六〇（昭和三十五）年の国内総生産は一五兆九九八〇億円だったから、その規模は一〇年で四・六倍にも急拡大したのである。国内総生産の倍増は、六五（昭和四十）年に早くも達成している（三二兆七七三〇億円）。

これを成長率で見ると、六一（昭和三十六）年は二〇・七%、六六（昭和四十一）年以降は一六%以上という、少し前の中国でさえ驚くべき数字を叩き出している。一〇年間の平均は一六・五%だ。

ただしこれは物価変動を加味しない数字であることに注意したい。この物価変動を念頭に置いた実質国民総生産を見ると、一〇年間の平均は一〇・一％と、九％の目標値を上回るものの、その差は小さくなっている。

さらに国民所得について見ると、六〇（昭和三十五）年が一二兆九一二〇億円、一人当たりに換算すると一三万九〇〇〇円だった（暦年ベース）。これが七〇（昭和四十五）年になると、五九兆一五三〇億円、一人当たり換算で五七万一〇〇〇円となった。単純に計算すると国民一人の所得は一〇年で四・一倍に膨《ふく》らんだわけである。

もっともこちらの数字についてもインフレーションを考慮に入れていない。そこで同時期の消費者物価指数を見てみよう。値は九五（平成七）年を一〇〇とした数字である。六〇（昭和三十五）年が一八・八で、七〇（昭和四十五）年には三二・八に上昇している。上昇率は一・七倍だ。

消費者物価指数の動きを念頭に置きながら単純化して考えると、一〇年間で所得は四倍になったけれど、物価もだいたい二倍に上昇した。この物価上昇分を差し引くと、七〇（昭和四十五）年の国民は、一〇年前よりも二倍大きな経済力（消費力）を持つに至った。

このように、池田が目指した「年平均九%の経済成長」により「今後一〇年以内」に所得倍増という目標は、あっさりと達成されたのである。

のちに我々は、この時期の飛躍的な経済発展を指して「高度経済成長」と呼ぶわけだ。まさに当時は右肩上がりで経済が発展する時代だった。日本人の顔はどこか幸福感に満ちていたに違いない。

高度経済成長の要因は何か

当時の日本が、驚くべき高度経済成長を達成した要因はどこにあるのか。

もちろん池田政権が示した国民所得倍増計画も、経済成長を後押しする要因にはなっただろう。

しかしとうていこの施策一つで、高い経済成長を達成できたとは考えられない。とすると、ほかにどのような要因が考えられるのか。

まず挙げるべきなのが人口構造の変化である。六〇年代に入ると団塊の世代が労働力人口に組み込まれていく。これは生産が富を生み、富は旺盛な国内需要を喚起してさらに生産を促すという好循環の到来を意味する。

また、生産性の低い農業に従事していた安い労働力が、より生産性の高い製造業に流れ込んだことも見逃せない。農業国家が工業国家に移行する過程で、高い経済成長を達成するのはいわば道理《どうり》なのだ。

ただしその背景にある農業の機械化も忘れてはならないだろう。池田政権が農業の近代化を重点政策にしたのはすでに見たが、機械化により農業の効率が進むと余剰《よじょう》の労働力が生まれる。この余剰労働力が製造業に移動することで、農業の生産性ばかりか工業の生産性も上昇する。のちに一般化する「三ちゃん農業」も機械化の影響が大きい。

民俗学者宮本常一《みやもとつねいち》に名著『忘れられた日本人』（一九八四年、岩波文庫）がある。この著作の中に一九五九（昭和三十四）年発表の「女の世間」という小論がある。

この小論で宮本は、農作業中に女たちがする世間話（その多くはエロ話）について書いている。ところが近年では、グループを組んだ女たちが田植えを仕事として請け負うようになり、いまや田植えの効率化によって女の世間話も急速に消えつつある、と宮本は記した。[40]この効率化をさらに促したのが農業の機械化なのだろう。

また、工業面では欧米に圧倒的に先を越されていた。これは逆に言えば発展のノリシロが大いにあることを意味する。目指すべきゴールは先行する欧米だとはっきりしている。この状況下において、勤勉《きんべん》で賃金の安い労働者が目標を目指して猛烈に働けば、目覚ましい経済発展を遂げられるのもこれまた道理だろう。

それから、当然のことのように思えるが、日本が自由貿易体制の一員だったことも、経済発展の大きな要因だったと考えてよい。これは自国で作った安い製品を他国で自由に売れるということを意味する。

加えて、当時は一ドル三六〇円の固定相場である。のちに述べるニクソン・ショックにより対ドル円相場はいきなり三〇八円の円高ドル安になる。これは言い換えると、長期にわたって円の価値は過小評価されており、その間の日本の輸出企業は円安のメリットを大いに享受《きょうじゅ》できたことを意味する。また、工業に欠かせない石油を比較的安く、安定して手にできたことは日本の工業化に大きな追い風になった。

加えて、社会資本の充実も見逃してはならない。六〇（昭和三十五）年前後に、日本の社会インフラは飛躍的な発展を遂げる。その象徴が六三（昭和三十八）年から六五（昭和四十）年にかけての東海道新幹線や名神高速道路の完成だ。これらの整備はいずれも六四（昭和三十九）年開催の東京オリンピックが契機になっている。これら交通網の発達により物流は円滑《えんかつ》さを増し、また人の往来を促す結果となる。

そしてこれら両交通網の整備に大きな威力を発揮したのが世界銀行（世銀《せぎん》）からの借《しゃっ》款《かん》、いわゆる世銀融資である。世銀は第二次世界大戦後の世界の金融安定化をはかるために、国際通貨基金（ＩＭＦ）とともに成立した国際機関である。日本は五二（昭和二十七）年八月、吉田政権時代にＩＭＦ・世銀に加盟している。日本代表として初めてＩＭＦの年次大会に出席したのは池田である。

次に日本企業に目を移すと、高度経済成長に日本型経営が効果的に働いたという考え方がある。その特徴の一つが、市場から直接資金を調達するのではなく、主力銀行の融資で資金を調達する間接金融、それに企業同士による株式の持ち合いである。

主力銀行があるから市場から資金を調達する必要はない。また、「もの言う株主」が存在しないため、「会社は株主のもの」という意識が発達せず、利益率が低くてもあまり頓《とん》着《ちゃく》せず、企業規模の拡大が可能になった。

それから、銀行による企業への融資は貯蓄率との関連を見ておく必要がある。かつての可処分所得に対する貯蓄、いわゆる日本の家計貯蓄率は非常に高かった（現在はきわめて低い）。この貯蓄を吸い上げたのが郵便貯金だ。政府はこの郵便貯金を、きわめて低利で銀行に貸し出す枠組みを作り出した。これを銀行が企業に融資するわけである。

そのため景気を過熱しようと思えば、低金利の郵便貯金を銀行に貸し出せばよい。これが民間に流れて景気は上昇する。このような金融の仕組みの中で成立したのが、いわゆる大蔵省による護送船団方式と呼ばれるものだ。

次に企業の内部を見てみると、企業内組合を基本とし、また労使が協調路線を取る点も企業経営に安定をもたらした。これは経営と資本が未分化で、社内昇格による経営者が舵《かじ》を取るから、そもそも労使紛争が起きにくいという利点があった。

これに家族経営とか終身雇用、年功序列など、労働者の身分を守る習慣が合わさって、企業経営にさらなる安定感をもたらした。また労働者は失業の心配なく思う存分働けた点も大きい。

このように、日本の高度経済成長は幾つもの要因が複雑に重なったもので、単一の要因に帰《き》すべきものではないのである。

現代につながる情報化社会の始まり

現代に密接につながる当時の出来事としてどうしても言及しておきたいのが、情報化についてである。

いわゆる「情報化社会」の原型となる言葉が、この池田政権時代の真《ま》っ只中《ただなか》で世間の話題となる。話題提供の主は大阪市立大学助教授時代の梅棹忠夫《うめさおただお》である。

梅棹は一九六二（昭和三十六）年、雑誌「放送朝日」に論文「放送人、偉大なるアマチュア」を寄稿《きこう》した。梅棹はこの論文の中で「情報産業」という言葉を用いた。これは梅棹の造語で、これが印刷物に載った最初だ、と梅棹は言う。

さらに六三（昭和三十八）年、梅棹は同じく雑誌「放送朝日」に、今度はタイトルもそのものの論文「情報産業論」を発表する。

この論文では、「情報を組織的に提供する産業を情報産業とよぶ」[41]と定義した上で、産業発展史の中に情報産業の位置づけを試みている。

梅棹の論文では、五七（昭和三十二）年に「中央公論」に発表した「文明の生態史観序説」があまりにも著名だろう。

これは生態学の理論を文明の発展史に援用《えんよう》したもので、生態史観で見るとヨーロッパ文明と日本文明は並行して発展してきたという説を唱《とな》えたものだ。

一方、「情報産業論」で梅棹は、生物学の観点から、農業、工業、情報産業（精神産業）の発展を、人間の機能の段階的発展に適用している。

その上で梅棹は、情報産業は産業進化史の中で、「外胚葉諸器官《がいはいようしょきかん》」[42]すなわち脳神経系や感覚器官の拡充段階と位置づけた。

そして、工業の時代に工業が農業よりも優位に立ったように、情報産業の時代には工業よりも情報産業が優位になることを予見したのである。

また、梅棹の目のつけ所が常人と違うのは、東海道新幹線を情報産業の一つだと喝破《かっぱ》した点である。[43]

というのも新幹線は荷物を運ぶのではなく人を運ぶ。東京や大阪で会議のある人を運んでいる。だから、新幹線は貨物運送機関ではなく情報処理のための機関、情報運輸機関なのだ、と。まさに梅棹の面目が躍如する論理である。

さらに、この梅棹の「情報産業論」は、当時の世界的状況に照らして見ると、その真価が飛躍《ひやく》的に高まるのだから驚きだ。どういうことか説明しよう。

ネット時代の始まり

一九六一（昭和三十六）年四月、ソ連が宇宙飛行士ガガーリンを乗せた人工衛星を打ち上げて地球周回に成功した。その年の翌五月、米ユタ州で電話中継基地が次々と破壊されて通信がストップする事故が起こる。

アメリカ政府は人工衛星の成功により、もしかするとソ連が宇宙から核攻撃を仕掛けるのではないかと恐怖していた。その中での大規模通信ストップである。

アメリカ政府は大いに狼狽《ろうばい》した。国防総省では、仮にソ連からの攻撃を受けたとしても、通信がストップしない新たなシステムが必要だと考え、その研究を空軍のシンクタンクであるＲＡＮＤ《ランド》研究所に依頼したのである。

中心となった研究者ポール・バランは、翌六二（昭和三十七）年に報告書「分散型通信ネットワークについて」を発表する。

時はまさに、ソ連の支援を受けるキューバとアメリカが国交を断絶し、アメリカ対ソ連の核戦争が発生寸前まで進展したキューバ危機が発生する年である（この原稿を書いているちょうど今、アメリカはキューバと歴史的握手をして国交回復を急ぐという、まさに逆の展開である）。

バランが提案した新たな通信手法の特徴は、まず、雑音に強いデジタル信号を使う点にあった。その上で、中心となるノード（節点）を廃して分散型のノードでネットワークを構築する。これは中心ノードが破壊されると、ユタ州の事件と同様、通信がストップする恐れがあるからだ。

また、それぞれのノードにはアドレスを振り、送信するメッセージは小さな固まりに分ける。そしてデータの固まりはどのルートを通ってもいいようにする。そうすれば、ネットワークの一部が破壊されたとしても、生きている回線を通して通信が可能になる。

残念ながらバランは物理的なネットワークは構築できず構想だけに終わった。しかしバランが考えた分散型通信ネットワークおよびメッセージ送信手法は現在の通信に受け継がれた。もうおわかりだと思う。インターネットがそれだ。

バランは当初、メッセージを分割した小さな固まりをメッセージ・ブロックと呼んでいた。これはのちにパケットと呼ばれるようになる。そして現在のインターネットで利用されているパケットの規格がインターネット・プロトコル（ＩＰ）にほかならない。

このように梅棹が論文「情報産業論」を発表した当時は、インターネットのコンセプトが生まれた時期と奇《く》しくも一致する。そして情報産業が工業よりも優位になるという梅棹の予言は、現代のインターネットの普及を見事に言い当てていたように思う。

やがて驚くべき経済発展を達成することになる六〇年代初頭の日本において、池田は国民所得倍増計画を立案し、日本の経済力というエンジンに大量の燃料を供給した。その同時期に現代につながる情報化社会の種子が早くも芽吹《めぶ》いていた。ただしその事実を、梅棹と同じように池田が知っていたかどうかはわからない。

アメリカ大統領との関係

経世済民の両輪が経済と安全保障だとすると、明らかに池田は経済側の政策に力を注《そそ》いだ人物として、歴代の首相の中でもやや特異な地位を占《し》めるように思う。

一方、安全保障できわめて重要なパートナーであるアメリカとの関係維持は、吉田ドクトリン以来、いずれの首相にとっても懸案事項であり、池田もその例外ではない。

前首相の岸の場合、アイゼンハワーと良好な関係を結んだ。岸が渡米した折には一緒にゴルフコースを回り、シャワー室では文字通り裸の付き合いをしたのが岸の自慢だった。そのためか岸は、アイゼンハワーを「アイク」のニックネームで呼ぶことを常《つね》とした。

一方、池田が首相の椅子に座った半年後に、アメリカではジョン・F・ケネディが大統領に就任した。一九六一（昭和三十六）年六月、池田は首相になって初めて渡米する。

池田は盛大な歓迎を受け、ケネディとポトマック川に浮かぶ大統領専用ヨット「ハネー・フィッツ」でさしの会談を行なった。また、池田はアメリカ議会でも演説し「今回の訪米は援助の要請に来たのではありません」と熱弁して拍手喝采《はくしゆかつさい》をあびている。

さらに、米ソ関係が険悪化する中、日本が反共を明確に表明して、経済で世界に貢献することを表明した。これが池田・ケネディの共同声明である日米パートナーシップとして結実するわけである。

なお、その後の日本の首相とアメリカ大統領との関係を見ると、佐藤栄作とニクソン、ロン・ヤス関係と呼ばれた中曽根康弘《なかそねやすひろ》（第6章参照）とレーガン、さらには小泉純一郎《こいずみじゅんいちろう》（第8章参照）とブッシュといった固い結び付きが見て取れる。

これらに共通するのは、いずれもアメリカ大統領が共和党出身（ケネディのみ民主党）であるのはさておき、該当する日本の歴代首相が比較的長期政権を築いた点である。

これは短期政権の場合、諸外国首脳と良好な関係を結ぼうとしても結べないことを意味しているのだろう。猫の目のようにくるくる変わってきた日本の首相は、やはり諸外国との関係上でも大きな問題があったと言わざるを得ない。

先進国の仲間入りという置き土産《みやげ》

池田は渡米のほかにも、東南アジアやヨーロッパ、オセアニア各国にも訪問して世界に池田を印象づけた。また国内の大イベントでも池田の名が世界に報じられる。一九六四（昭和三十九）年に開催したIMF・世銀東京総会、東京オリンピックがそれである。

日本は五二（昭和二十七）年、吉田政権の時代にIMF・世銀に加盟したこと、初めての総会に池田が参加したことはすでに述べた。その後も池田は蔵相として参加している。

しかしＩＭＦの総会で、池田は敗戦国として肩身の狭い思いをしたようだ。同じ思いを抱いていたであろう西ドイツの経済相ルートヴィヒ・エアハルト（のちの西ドイツ首相）と、総会を通じて知己《ちき》になったのも理解できるというものだ。

その日本がこうして東京で総会を開催できるまでになった。しかも総会開催の同年四月に日本は、ＩＭＦ八条国に移行するとともに、さらに経済協力開発機構（ＯＥＣＤ）にも加盟している。

ＩＭＦ八条国とは、為替《かわせ》取引制限の撤廃を義務づけられる国のことで、円は交換可能通貨となり経済体制は国際的に解放された。また、ＯＥＣＤは先進国が加盟する国際機関で、国際貿易や開発援助などについて協議することを目的にする。いずれも日本が先進国の仲間入りを実証するものである。実際、池田は、ＩＭＦ八条国移行時に先進国への仲間入りの宣言を行なっている。

このような経緯の中で、ＩＭＦ・世銀東京総会が日本で開催された。しかも世銀融資で実現した東海道新幹線や、一部開通した名神高速道路を、来日した各国の大蔵大臣や中央銀行総裁にお披露目《ひろめ》できる。池田の得意満面が想像できよう。九月七日の総会で池田はこう挨拶《あいさつ》した。

ＩＭＦの皆さん。日本の爆発的エネルギーを見てください。君たちから借りた資金は、われわれ国民の頭脳と勤勉によってりっぱに生きてはたらいています。明治維新以来、先人のきずきあげた教育の成果が、驚異的な日本経済発展の秘密なのです。[44]

しかし池田にとってこの挨拶が首相としての最後の演説になる。本人には告げられていなかったものの、この時に池田はすでに喉頭《こうとう》ガンに蝕《むしば》まれていた。

二日後の九月九日、池田は築地のがんセンターに入院する。その日から放射線治療が始まった。病状は予想以上に進行していた。周囲は池田に「前ガン状態」で押し通した。

十月十日、国立競技場をおおう秋空に自衛隊の飛行機が大きな五輪の輪を描いた。東京オリンピックの開会式である。式場には池田の姿があった。池田には安静が必要だった。しかし、せめてもの最後を飾ってもらおうと、医師団の配慮により病院から出席したのである。やはり池田は病因を知らされていなかった。

十月二十五日、オリンピック最終日の翌日、池田は首相および党総裁の辞任を正式に表明した。療養が長引くとの判断からである。

その前日の晩、池田の秘書官である「ブーちゃん」こと伊藤昌哉《いとうまさや》は、オリンピックの閉会式をテレビで見ていた。画面に「サヨナラ」の字幕が映る。これを見た伊藤は「池田総理の退陣にふさわしい」と感じたという。

十一月九日、池田内閣が総辞職する。

十二月七日、放射線治療の甲斐《かい》があって池田は退院し、熱海《あたみ》で静養する。しかし、翌六五（昭和四十）年七月にガンが再発する。

七月三十日、東大病院で器官切開が行なわれる。これにより池田は声を失った。しかしのどばかりか食道ガン、肺ガンも見つかる。転移したのである。

八月四日、のど、食道、胃の手術を行なう。六時間を要した手術は成功した。しかし、やがて池田は昏睡《こんすい》状態に陥る。

八月十三日午前七時、池田の容態が急変する。政府は池田がガンであることを国民に公表した。

同日一二時二五分、池田歿《ぼっ》す。享年六五歳。

さぞ悔《く》いが残ったことだろう。しかし池田が示した方向は間違っていなかった。国民所得倍増計画により日本人は大きな夢を持ち、その夢を実現しようとガムシャラに働いた。これにより大きなボリュームの中産階級が生み出され、やがて「一億総中流」という言葉が生まれる。

戦後の財閥解体や農地解放が中産階級を生み出したとしたら、池田は国民所得倍増計画により活力ある中産階級を育てたのである。この点こそが池田の最大の功績だったと言えるように思う。

もっとも経済最優先は、公害問題や大企業と中小企業の格差、あるいは地域間の格差を生み出した。歴史に「もしも」はないけれど、政権がさらに続いていたら、池田はこれらの大きな問題にも果敢《かかん》に取り組んだに違いない。

大きな問題にぶちあたると、池田はよくこう言ったという。

「山より大きなシシは出ないよ」[45]と。

第5章 日本は歴史の転換点を迎えたのか

佐藤栄作《さとうえいさく》　一九六四年十一月九日～七二年七月七日
田中角栄《たなかかくえい》　一九七二年七月七日～七四年十二月九日

佐藤栄作が首相に就くまでの紆余《うよ》曲折《きよくせつ》

池田勇人が権力の中枢にいる間、首相になりたくてしようがない人物がいた。ほかでもない。池田とは因縁浅からぬ佐藤栄作である。

佐藤は慎重なタイプであることから「待ちの佐藤」とよく言われた。しかし首相を「獲《と》り」に行った際の佐藤は、けっして待ちではなかった。

政治部の記者出身で読売新聞グループ本社取締役最高顧問を務める老川祥一《おいかわしょういち》が、著作『政治家の胸中』(二〇一二年、藤原書店)の中でこんな話を披露している。[46]

一九六〇(昭和三十五)年十一月、衆議院総選挙で自民党を大勝利に導いた総裁池田は、第二次池田内閣を組閣する。その際に池田は大磯にいる吉田茂へ挨拶に行った。するとなぜか佐藤栄作もそこにいる。

大勝利の祝いもそこそこに、佐藤が吉田を前にして池田にこう言った。

「次は総理を譲ってくれよ」

あの「待ちの佐藤」がこうもストレートに池田に言ったという。総選挙前の総裁選に協力した佐藤が、吉田を前に池田から言質《げんち》をとろうとしたのだ。

「譲るよ」

と、池田は返事した。しかし総選挙が終わったばかりで内閣はこれから本格的にスタートする。そのタイミングでの佐藤の言葉だ。池田は強い不快感を覚えたに違いない。

実際池田は、大平や宮沢に「佐藤のやつが吉田の前で総理の座を譲れといいやがった」と言って怒ったと伝わる、と老川は書いている。

しかし、池田もさるものだ。時期まではけっして明言しない。ましてや証文を残したわけでもない。やがて池田が第三次内閣を組閣する前に、自民党は総裁選に突入する。その結果、池田と佐藤それに藤山愛一郎の三つどもえの争いになった。池田の秘書官伊藤昌哉は、この総裁公選が明らかになる前にこんな出来事があったと書く。[47]

六四（昭和三十九）年五月十八日、田中角栄が池田あてに話があると電話してきた。ならば家に来いとなり、田中は信濃町《しなのまち》の池田邸にやって来る。明日閣議のあと、佐藤が池田に会いたいと言っている、と田中は池田に伝える。当時の田中は佐藤派の有力者で池田内閣の蔵相でもあったが、こんな使いっ走りまがいのこともやっていた。

会うのは時期尚早《しょうそう》だからと、電話での両者会談になる。その電話で佐藤はこう言った。

「話し合いで譲ってくれないか。自分は今度立つつもりだ」

またしても佐藤の単刀直入《たんとうちよくにゆう》な言葉である。池田はこう切り返した。

「俺は政権を私議するようなことはできない」

このとき池田は断固として拒否した。そのため総裁公選にもつれこんだというのだ。

さらにこの総裁公選の際にこんなこともあった。佐藤は吉田に直談判《じかだんぱん》し、池田三選の不可を唱え、今回は是非とも自分を支援してほしい旨を懇請《こんせい》した。[48]

吉田は池田に十分話すつもりだと佐藤をなだめるものの、佐藤支援の態度は明らかにしない。吉田学校の秘蔵っ子二人の「兄弟喧嘩《げんか》」に、吉田はさぞ閉口《へいこう》しただろう。

総裁選挙はきわめて僅差《きんさ》で池田が勝利する。これが六四（昭和三十九）年七月十日のことだ。その二カ月後に池田のガンが発覚するのは先に書いたとおりだ。

池田が病をおして東京オリンピックの開会式に出席した十月十日のことだ。佐藤は日記にこう書いている。

「池田首相も病気をおしての見物。此の世の想出の一つか」[49]

何とも人を刺し殺すような一文ではないか。佐藤は池田の担当医師が友人宛に書いた手紙を入手し、池田本人さえ知らなかった病因を把握していたようなのだ。[50] しかしこのとき佐藤は、どのような気持ちで池田を見つめていたのだろう。

池田が辞任を公表したため、後継総裁には佐藤栄作、河野一郎《こうのいちろう》、藤山愛一郎らの名が挙がった。しかし選挙は開かれず党内の調整で佐藤栄作に一本化となる。

こうして佐藤は池田から後継総裁に任命され、六四（昭和三十九）年十一月九日に、晴れて首相の座に就く。「待ち」どころか凄《すさ》まじい執念で勝ちとった椅子である。

佐藤長期政権の謎

佐藤栄作が岸信介の実弟であることはすでに述べた。男兄弟は三人で市郎、信介、栄作の順で栄作が末弟になる。

岸によると、頭の良さも同様で、市郎、信介、栄作の順によくできたという。しかし、政治的裁量は栄作、信介、市郎と、その順が逆になったそうだ。

岸が言う政治的裁量が、佐藤の長期政権を実現したのだろう。七二（昭和四十七）年七月七日に辞任するまで、七年八カ月（二七九八日）もその座に就いていた。

長期政権を担った歴代首相を見ると、桂太郎《かつらたろう》が七年一〇カ月（二八八六日）、伊藤博文《いとうひろぶみ》が七年六カ月（二七二〇日）、吉田茂が七年二カ月（二六一六日）となる。しかしいずれも継続して首相の座に就いていたのではなく、間に他の内閣がはさまっている。そのため、連続日数では佐藤が歴代最長なのである。

しかし不思議なことに、これほど首相を長期間務めながら、佐藤に対する国民の人気はそれほど高くなかった。佐藤自身も政権終盤《しゅうばん》には「栄ちゃんと呼ばれたい」、と洩《も》らしたほどだ。

では、人気が高くないのになぜ長期政権を維持できたのか。

もちろん佐藤の政権運営能力――岸が言う政治的裁量の与《あずか》るところが大きかったのだろう。また政敵が次々にこの世を去るという、佐藤にとっては「幸運な出来事」もあった。これらを念頭に置きながらも、六〇年代後半から七〇年代初めにかけて、依然日本経済が堅調《けんちょう》に発展した点を見逃すべきではないと思う。

というのも、六五（昭和四十）年十一月から七〇（昭和四十五）年七月まで五七カ月間続くいざなぎ景気が、佐藤長期政権の大部分を占めたからである。

六七（昭和四十二）年には日本の人口が一億人を突破し、翌六八（昭和四十三）年には日本の国民総生産が自由主義国の中でアメリカに次ぐ世界二位になる。また、七〇（昭和四十五）年の国民所得は、六〇（昭和三十五）年に比較して実質的に二倍となり、国民所得倍増計画が実現されることはすでに書いたとおりだ。

「売上はすべてを癒《いや》す」という名言を残したのはダイエーの創業者中内切《なかうちいさお》である。中内ではないけれど、所得が増えて金回りがよいと人は癒される。政権にも不満を抱かない。これが佐藤長期政権の大きな要因になったように思う。

「私の政権が長く続いたのは株価が落ちなかったからだ。小渕《おぶち》君も株を維持すれば続くよ」[51]

こう語ったのは中曽根康弘である。もちろん小渕君とは小渕恵三《けいぞう》（第８章参照）にほかならない。元首相が新首相にかけた言葉である。

好景気と政権の長さは相関するのだろう。これは経験的法則と言えるのかもしれない。

財政赤字の発端はここにある

もっとも佐藤は政権奪取直後に、経済面で苦境に陥っている。一九六四（昭和三十九）年は東京オリンピックの開催で景気も盛り上がっていた。しかしオリンピック景気のあと日本経済は急速に冷え込むことになる。いわゆる六五年不況である。

この六五年不況を象徴する最大の出来事が山一證券の破綻《はたん》危機である。山一では投資家から有価証券を預かって利息を払い、その有価証券を担保にして資金を調達して事業を行なっていた。

ところが景気後退により取り付けが始まったのである。山陽特殊製鋼が倒産し、山一證券の危機が報道されると、取り付けは一気に加速して、他の大手証券会社にも影響を及ぼすに至った。

この時に佐藤政権で大蔵大臣だったのが田中角栄である。大蔵省や日銀、主力銀行が方策を協議する中、田中は優柔不断《ゆうじゅうふだん》な首脳たちを叱《しか》り倒して、日銀による山一への特別融資を決めた話は、今も語りぐさになっている。

山一證券は救済され、日本の金融恐慌は免《まぬか》れた。当時の山一関係者は田中に足を向けて寝られなかったであろう。

なお、それから三二年の時を経た九七（平成九）年、山一證券が自主廃業した。このときも日銀特融が発動されたものの、これは山一救済の措置《そち》ではなく、日本の金融に対する信用維持のためだった。

いわゆる山一日銀特融で佐藤政権は命拾いをした。しかし景気の低迷は続く。扱い方を間違えれば政権の命取りになるだろう。

山一日銀融資決定から六日後の六月三日、内閣改造を行なった佐藤は大蔵大臣に福田赳夫《ふくだたけお》（第６章参照）を任命する。そして窮余《きゅうよ》の策として国債の発行を指示するのである。

国債には「建設国債」と「特例国債（赤字国債）」の二種類がある。前者は大型公共工事に充当するための国債、後者は国庫の赤字を埋めるための国債だ。

福田は特例国債を発行し、得た金を公共事業に投資した。公共事業の拡大で景気を上向ける狙いだ。したがって特例国債とはいえ、その実態は建設国債だった。

しかし、佐藤政権のこの時、足りない資金を国債に頼るという前例ができた。そして純粋に赤字国債を発行するのは、第一次オイル・ショック後の七五（昭和五十）年のことだ。時の首相はクリーンが肩書きにつく三木武夫、大蔵大臣は大平正芳だった。

以後、日本の財政は麻痺《まひ》したかのように赤字国債に頼る。二〇一四（平成二十六）年度末の国債残高見込みは七八〇兆円（うち赤字国債五〇九兆円）で、これは国民一人当たりの借金に換算すると約六一五万円（四人家族で二四五九万円）にも上る。それもこれも発《ほっ》端《たん》はこの時代にある。

最大の功績としての沖縄・小笠原の本土復帰

池田が経済問題に執心したのに対して、佐藤の「ぎょろ目」はどちらかというと諸外国との関係に向いていた。

日韓関係の正常化は、佐藤が最初に手掛けた外交問題である。すでに池田政権時代に日韓会談が数度にわたって開催されており、下準備は整っていた。

一九六五（昭和四十）年六月、佐藤はこれをさらに進展させて、日本と韓国の国家関係を規定する日韓基本条約を締結した。この条約締結は成立間もない佐藤政権にとって、大きな得点だったと言ってよい。

並行して佐藤はさらに別の大きな外交問題に取り組んでいた。沖縄・小笠原返還問題である。特に沖縄返還は、佐藤が政治生命をかけて解決しようとした問題だ。

五一（昭和二十六）年にサンフランシスコ平和条約が締結され、これにより日本は沖縄・小笠原の主権を放棄はしないものの、アメリカが両島を事実上占領し続けることを認めた。これを潜在主権と呼ぶことはすでにふれた。この状態から脱却して領土の完全復帰を目指すのが沖縄・小笠原返還問題にほかならない。

もちろん佐藤以前の政権が、沖縄・小笠原返還問題に無頓着だったわけではない。岸はアイクとの共同声明で、沖縄・小笠原返還が日本の強い希望だということを強調した。また、池田はケネディとの会談で、沖縄で正月や祝祭日に日の丸を掲揚《けいよう》することを認めさせている。

しかしアメリカにもそうやすやすと沖縄を返還できない理由があった。六〇（昭和三十五）年末頃から始まり、七五（昭和五十）年まで続くベトナム戦争である。この戦争によりアメリカにとって沖縄の戦略的重要度は高まることはあっても、低くなることはなかったからだ。

佐藤政権では現実を念頭に、沖縄の基地使用を認めつつ施政返還を求める、いわゆる分離返還論を打ち出すとともに、東南アジアにおける安全保障に日本が積極的に参加することを表明する。

日本側の態度にアメリカも基本同意の立場をとり、六七（昭和四十二）年の佐藤・ジョンソン会談で小笠原即時返還、沖縄については「両三年以内に返還」の合意に至る。

翌六八（昭和四十三）年、佐藤は日本本土における「核兵器を作らない、持たない、持ち込ませない」という、いわゆる非核三原則を政策として打ち出した。

そして六九（昭和四十四）年、佐藤・ニクソン会談を経て「核抜き・本土並み」の沖縄返還が合意に至る。当時、日米間では日本からの安い繊維が貿易問題になっていた（日米繊維問題）。この繊維輸出と沖縄返還がからんだことから、この合意は「糸（繊維）と縄（沖縄）の取引」と皮肉られたものである。ともかく長い交渉の末、七一（昭和四十六）年に沖縄返還協定が締結の運びとなり、晴れて翌七二（昭和四十七）年五月十五日に、沖縄は本土に復帰したのである。

沖縄返還は佐藤が首相として行なった最も大きな功績と言えるだろう。そのためあまり人気がなかったにもかかわらず、佐藤の名は長く日本人の記憶にとどまることになる。

高度経済成長に沸く日本社会

軍事や領土といった国の安全保障が議論される中、右肩上がりの経済成長が続く日本は活気にあふれていた。この時代を象徴する言葉が、「三種の神器」に取って代わった「3C」だろう。これは「カラーテレビ」「自動車（カー）」「クーラー」の頭《かしら》文字で、当時の人々が持つ欲望の対象を的確に表現している。

アメリカがアポロ11号を月に向けて打ち上げたのは六九（昭和四十四）年七月のことだ。日本時間の二十一日午前五時一七分四〇秒に月面着陸に成功し、アームストロング船長が月面に人類史上歴史的一歩をしるした。

この様子は宇宙からの同時中継により日本のテレビでもカラーで視聴できた。NHKによると月面着陸を同時中継で見た人は六八・三％、同じ日の定時ニュースを含めると九〇・八％にも上ったという。テレビの影響力をまざまざと見せつけられた瞬間である。

テレビと学生運動の関連も興味深い。佐藤政権時代は学生運動が盛んな時代だったが、関与しない人にとっては六〇年の安保闘争と同様、別世界の出来事だった。

しかし一九七二（昭和四十七）年二月、連合赤軍のメンバーによる浅間山荘事件の様子をテレビが生々しく映し出すと、遠い世界の出来事が突然現実のものとなった。やはりテレビの影響力は絶大だった。

また当時は「レジャー」という言葉が市民権を得た時代である。マイカー・ブームもレジャーに拍車をかけたと言ってよい。

六六（昭和四十一）年にはトヨタ自動車がカローラを発売する。宿敵である日産自動車のサニーよりも一〇〇ccだけ大きい一一〇〇ccの排気量は「プラス一〇〇ccの余裕」という名コピーを生み出した。

以後、カローラは三三年連続で日本におけるベストセラー・カーとして君臨する。カローラの成功は、自動車王国日本の象徴でもあるのだ。

マイカーによるレジャーには目的地が必要だ。通常は観光地や行楽地がめあてになるのだが、そうした目的地が突如、期間限定で姿を現わしたのも佐藤政権の時代だ。ほかでもない、七〇（昭和四十五）年に大阪千里《せんり》で開催された日本万国博覧会である。

通称「万博」の総入場者数は六四二二万人と、日本の人口の六割を超える数字を達成した。長蛇《ちょうだ》の列となったアメリカ館では、アポロ11号が持ち帰った「月の石」が大きな話題を呼んだものである。

そういえば万博の会期中に珍妙《ちんみょう》な事件が起きた。黄金の顔を持つ岡本太郎《おかもとたろう》作「太陽の塔」は万博のシンボルである。この顔が持つ両眼には投光器が設置してあり、夜に光を放つ。ある日、男が太陽の塔に登りこの眼の部分に居座《いすわ》るという事件が起きた。もちろん夜間の投光は実施されなかった。

この様子を全国に伝えたのが、やはりテレビだった。何度も繰り返すが、やっぱりテレビの威力はすごかった。

それからもう一つ、当時のトピックとしてふれておかなければならないのが原子力の平和利用についてである。六六（昭和四十一）年、茨城県東海村《とうかいむら》で日本発の原子力発電所が営業運転を始めた。

すでに述べたように、自由民主党は五五（昭和三十）年の立党の際に原子力の平和利用を党の政綱に盛り込んでいる。また、五六（昭和三十一）年に日本原子力研究所が東海村に発足し、翌五七（昭和三十二）年に日本初の「原子の火」を灯《とも》すことに成功している。

それから九年経って原子力発電の一般営業が始まったわけだ。しかしやがて福島で原発の大災害が起こるとは、当時の関係者が予想するはずもない。

仮に日本が原子力発電を全廃にして代替エネルギーへ移行するならば、現在第一党で原子力の平和利用を掲《かか》げる自民党が政綱を変えるか、原子力発電全廃を政綱に持つ別の党が政権を握るか、少なくともいずれかのステップを踏む必要があるのは明らかだ。

佐藤栄作とサイケ調のネクタイ

ところで本章の冒頭でふれた老川祥一が政治部記者の頃、佐藤との間にあった興味深いエピソードを記している。[52]

老川によると七〇（昭和四十五）年当時、政治家は身だしなみに厳しく、背広は黒か紺、ワイシャツは白、靴は黒と相場が決まっていた。取材をする政治記者も同じくカラスのような格好をするのが不文律《ふぶんりつ》である。

ところがある日、首相の佐藤が青いワイシャツを着てきたという。めざとく見つけた老川はこう言った。

「今日はカラーシャツですね」

　すると佐藤はちょっと恥ずかしそうに言った。

「こんなシャツ着て行ったら、みんなに笑われるかな」

「いやいや、なかなかお似合いでいいじゃないですか」

「じつは梅雨《つゆ》なもんだからワイシャツはみんな洗濯に出しちゃってな、白いのがないんだよ」

　もちろんこの言葉が佐藤の言い訳であることは、老川にはわかっていた。佐藤はどこかご機嫌の様子だ。そしてそれ以来、佐藤はさまざまな色や模様のワイシャツを着用するようになったというのだ。

　しかも極《きわ》めつけは、佐藤が渡米から帰国したあと、当時アメリカで流行《はや》っていたサイケデリック調（おそらくペイズリー柄だろう）の幅広のネクタイを着け始めたことだ。すると佐藤の側近たちも同調し始め、だんだんとカラーシャツや派手な柄のネクタイをする政治家が増え出したという。

さらにこれには後日談がある。ある日老川が国会内のエレベーターで福田赳夫大蔵大臣と一緒になる。福田は赤いネクタイをしていた。

「大臣、ずいぶん派手なネクタイですね」

と、老川が言う。すると福田は笑いながらこう応じた。

「なに、総理と妍《けん》を競っているんだよ」

以上、当時の一コマを物語る、どこか微笑《ほほえ》ましいエピソードだ。しかし見方によると、このエピソードには深い意味が隠されているように思う。

当時は万国博覧会で日本中が沸いている時代だ。日本経済も順風満帆《じゅんぷうまんぱん》である。この右肩上がりの余裕が政治家の服装にも表われてきたのではないか。

このように考えると、カラーシャツやサイケ調ネクタイが政治家の間に流行しだしたのも頷《うなず》けるのである。

青天《せいてん》の霹靂《へきれき》だったニクソン・ショック

ところがやがて佐藤は、オシャレどころではない事態に連続して直面する。ニクソン・

ショックの発生である。

一九七一（昭和四十六）年七月十五日、アメリカ政府は翌七二（昭和四十七）年にリチャード・ニクソン大統領が中国を訪問すると、電撃発表した。それまで日本はアメリカと足並みをそろえて、中華人民共和国を正式には承認していなかったにもかかわらずである。

しかもニクソンによる中国訪問の情報は、アメリカ政府が公表するわずか数分前に日本側に知らされたという。アメリカと良好な関係を築いてきたつもりの佐藤は面目丸つぶれである。世間も佐藤政権の外交政策を大いに批判した。

電撃訪中宣言がハイ・ポリティクスでのニクソン・ショックだとすると、ロー・ポリティクスつまり経済通商面でもニクソン・ショックの激震《げきしん》が走った。

先にもふれたように、当時、日本の安い繊維がアメリカになだれ込み、両国間に激しい貿易摩擦が生じていた。

また、同時期に日本は、東南アジア諸国からエコノミック・アニマルと呼ばれるようになり、やがてこれが世界に伝播《でんぱ》する。

当時の日本は東南アジアから安い資源を買い取り、それを加工して高値で売却していた。熾烈《しれつ》に収奪して猛烈《もうれつ》に販売する日本人の姿は、まさにエコノミック・アニマルそのものだった。以後、この名称は日本人ビジネスマンのニックネームになる。

こうした諸外国との経済摩擦は、日本の高度経済成長と不可分に結びついていた。そのような中、青天の霹靂のごとく、ニクソンがドルと金の交換を停止し、主要通貨の対ドルレートの切り上げを促す発表をした。七一（昭和四十六）年八月十五日のことである。

第二次世界大戦末期、連合国側はアメリカのニューハンプシャー州ブレトンウッズに集まって国際的な通貨体制を決定した。この会議で「金一オンス＝三五米ドル」に決まった。国際通貨基金（ＩＭＦ）や世界銀行が成立したのもこの場でのことだ。

これらの制度が第二次世界大戦後の世界経済を規定したため、この世界経済体制をブレトンウッズ体制と呼ぶ。円の対ドルレートが三六〇円の固定相場と決まったのも、このブレトンウッズ体制下のことである。

しかしニクソンの声明によりブレトンウッズ体制は崩壊した。そして同年十二月にアメリカのスミソニアン博物館で開かれた一〇カ国蔵相会議による、いわゆるスミソニアン協定により、円相場は固定相場ながらも三〇八円にまで切り上げられることになったのである。三六〇円から見ると一六・九％もの切り上げである。

これは従来日本から一ドルで輸出していた品の代金が、一夜にして三六〇円から三〇八円に値下がりすることを意味する。事態はカラーシャツにサイケ調のネクタイでおめかししているどころではなかった。

さらに七三（昭和四十八）年には、世界の主要通貨が固定相場制から変動相場制に移行し日本も追随《ついずい》する（この当時、佐藤は首相を辞任していた）。この結果、円は一気に二七一円の値をつけるのであった。

対日貿易赤字に苦しんでいたアメリカは胸をなでおろし、対米貿易黒字でえびす顔だった日本は一転して顔面蒼白《そうはく》となるのであった。

滑稽《こっけい》で寂しすぎた辞任会見

長期政権に対する評価はさまざまだ。安定した政治ができて結構という意見がある一方、長すぎては国民も倦《う》むし適当な時期に刷新《さっしん》が必要という意見もある。

佐藤の周囲は、沖縄返還を機に引退し政局の転換をはかったほうがいいのではないか、と勧《すす》めた。

しかし佐藤は態度をはっきりさせずに渡米し、帰国後は結局、政権維持の道を選ぶ。ところが、第六八回通常国会に提出した法案は次から次へと廃案になり、佐藤政権は事実上、レイムダック（死に体《たい》）に陥《おちい》ってしまうのである。

一九七二（昭和四十七）年六月十七日、通常国会が終了した翌日のこの日、ようやく佐藤は退陣を表明し、内閣は翌七月七日に総辞職した。

退陣表明の際の佐藤の悪態《あくたい》は今も語り草になっている。佐藤はＮＨＫのテレビを通じて首相辞任を公表しようと考えていた。ところが首相官邸には、ＮＨＫだけではなく新聞記者がずらりと並んでいる。

「おれはテレビに出るとは言ったが、新聞記者会見をするとは言っていないから、新聞記者は全部退場せよ」[53]

佐藤はいきなり怒鳴《どな》り散らしたのである。

新聞記者は佐藤に対する抗議の表明という意味で全員退場した。誰も座っていない乱れたパイプ椅子と机を前に、佐藤は辞任の決意をとうとうと述べた。その姿は長期政権を担《にな》った首相としてはあまりにも滑稽で寂しすぎた。

七四（昭和四十九）年十二月、佐藤は非核三原則などを理由にノーベル平和賞を受賞する。その翌七五（五十）年五月、脳卒中で倒れて昏睡状態となり、六月三日に意識の戻らぬまま歿《ぼっ》した。

「いずれにしても政治家の進退は引くときが一番大切で、あのとき佐藤がサンクレメンテに行って、帰国してすぐ引退していたら、脳溢血にならずにいまでも元気でいたかもわからない」[54]

元朝日新聞編集局長で政治評論家として活躍した細川隆元《ほそかわりゅうげん》は、佐藤の最後についてこのように書いている。

戦後の日本を代表する人物とは？

ところで、二〇一五（平成二十七）年四月十八日、朝日新聞朝刊に戦後七〇年に関連する世論調査の結果が載った。この調査の中に「戦後を代表すると思う人物を三人まで自由に挙げてもらいたい」という設問があった。

「栄ちゃんと呼ばれたい」ともらした佐藤栄作は、一九七票を集めて第四位にランクインしている。まずまずの結果ではないか。では、第一位は誰か？

堂々第一位は田中角栄で、回答者の三割を超える六四〇人がこの人を選んだという。特に五〇代男性では半数以上が田中に票を入れたそうだ。

また田中に続いて吉田茂（四八〇人）、小泉純一郎（三一四人）が二位と三位で、二位の吉田は七〇代以上の半数が選び、また三位の小泉については二〇代男女の二割が票を入れたという。

以下、池田勇人（七二人）、中曽根康弘（五〇人）、安倍晋三（四二人）が一二位から一四位、岸信介（三七人）は一六位という結果になっている。

このように首相経験者は、上位二〇人のうち八名を占めるばかりか、一位から四位を独占している。やはり首相は日本を代表する存在であることがよくわかる。

それはともかく、佐藤の首相辞任を受け、一九七二（昭和四十七）年七月七日に首相の座に就いたのが、右の投票で第一位を獲得した田中角栄である。

しかし首相に就任してから四〇年以上経つ現在も、日本を代表する人物として選出されるのだから、田中角栄の人気を改めて思い知らされる。

なぜ、田中はこれほど人気があるのだろうか。

理由の一つは田中の目線にあるように思う。歴代の首相は、どこか一般庶民とはかけ離れた場所から国民を見下ろしている、という印象がきわめて強い。葉巻をくわえてふんぞり返る吉田茂や、大きな目をぎょろつかせて人を寄せつけない佐藤栄作はその典型だろう。

ところが田中はどうか。われわれが田中をイメージするとき、一般庶民と同じ目線で物事を見つめ、同じ目線で語る姿を思い浮かべる。しかもその態度はいつも真摯《しんし》であり、加えて即断即決で実行する馬力《ばりき》を併せ持つ。

こうした「庶民宰相」というイメージ、そしてスケールの大きさが、いまだ根強い田中人気の秘密なのだろう。

高い人気を誇る田中は、その一方で金権政治と結びつくイメージもこれまた強い。ポスト佐藤の後継総裁選びでは、田中角栄、福田赳夫、三木武夫、大平正芳の四人が立った。事実上の争いは佐藤が後継にしたい福田、そして実力では一頭地《いっとうち》を抜く田中である。二人の戦いは「角福戦争」と呼ばれたものだ。派閥各派の多数派工作により金が乱れ飛ぶ。ニッカ、サントリー、オールドパーという言葉がある。一般人にとっての洋酒ブランドも政治家には別の意味がある。総裁選の投票で二つの異なる派閥、たとえば田中派と福田派から金をもらうことをニッカ、また三派からせしめることをサントリーと呼ぶ。では、全派閥から金を受け取ったら？　そう、オールドパーの完成である。

田中はこの金の力をふんだんに利用した人物として、あまりにも有名だ。「同じ一本指でも福田は百万、田中は一億」[55]と、岸信介は語ったという。

ポスト佐藤の鍵になったのが中曽根派の票だった。田中と中曽根は、四七（昭和二十二）年の衆議院総選挙で初当選した同期だ。また二人は生まれもともに一八（大正七）年五月の同じ歳である。

一方の福田は、同じ上州の出身だから中曽根の支持は固いと信じていた。しかし中曽根は福田を裏切って田中に票を投じ、田中は六票差で総裁選に勝利した。田中から中曽根に大きな金が動いたという。

「中曽根さんが福田さんを裏切って角さんについたのは大変な冒険だったんですよ。逆に言えば、角さんはド〜ンと気前よくコレを出したんでしょうねえ」[56]

と語るのは、当時、福田赳夫のボディーガード的な役割を任じていた森喜朗《もりよしろう》（第8章参照）である。対して中曽根本人はこのように語っている。

「それから十年。鈴木《すずき》内閣の後継として、私が立候補した時は田中氏が全面的に応援してくれた。同期生の微妙な競争と協力のしからしめたものだろう」[57]

要するにバーター取引が成立したわけである。多数決を基礎とするのが民主主義の根幹《こんかん》なのはわかる。しかし国民としてはどこか割り切れない思いが残る。

日本列島改造論の是非

田中角栄は一九一八（大正七）年、新潟県二田《ふただ》村（現柏崎《かしわざき》市）に生まれた。学歴は高等小学校卒で、上京して土建業や雑誌記者、カットグラス卸《おろし》などに身を投じ、三七（昭和十二）年に一九歳で共栄建築事務所を設立する。

得意先は大河内正敏《おおこうちまさとし》が率いる理研コンツェルンで、田中は工場設備や新工場の設計で理研との関係を深めていく。そのためのちに田中は理研三代議士の一人に数えられることになる。

兵役で満州に出征するも、肺炎と胸膜炎《きょうまくえん》を併発して帰国し、除隊後の三三（昭和八）年、再び建築業に参入し田中土建工業株式会社を設立する。終戦時、田中は理研のピストンリング工場移設のため朝鮮半島に渡っており、着の身着のまま釜山《プサン》経由で日本に引き揚げてきている。

四七（昭和二十二）年に新潟三区から衆議院議員に初当選すると、以後、岸内閣で初入閣し、池田内閣時には政調会長や蔵相を務めた。さらに佐藤派の大幹部としてめきめき頭《とう》角《かく》を現わすのである。

首相に就任した田中が最初に手にした功績が日中国交正常化である。七二（昭和四十七）年九月、田中本人が中国に出向き、毛沢東主席、周恩来《しゅうおんらい》総理らと交渉を重ねたすえ、日中共同声明の発表にこぎつける。田中がとった電光石火《でんこうせっか》の行動により、一夜にして中国は日本にとって親しい隣国になったのである。

一方、国内の政治では、田中が佐藤政権の最末期に出版した『日本列島改造論』（一九七二年、日刊工業新聞社）で示したビジョンの実現を目指した。そのため田中が組んだ七三（昭和四十八）年度予算は「列島改造予算」と呼ばれたものである。

日本は工業化と都市化の高まりに比例して力強く発展した。しかしながらその発展はいびつで、東京や大阪などの太平洋ベルト地帯に産業が集中し、人口の三二％が一％の地に住む事態が生じた。その一方で農村からは人口の流出が止まず、高齢化により成長のエネルギーを失おうとしている。

そこで田中は、日本全国各所に二五万人都市を作り出し、これにより過密《かみつ》と過疎《かそ》を解消しようと考えたのである。そのためには工業再配置による新産業地図を描く必要がある。また工業再配置を支える交通ネットワークの整備も必要になるだろう。東北や上越、北陸、九州に新幹線がいる。高速道路も欠かせない。大型の国際空港、それに地方空港を作って空の便で結ぶ。さらに都市の治水事業として一〇〇〇個所のダム建設もいる——。これが日本列島改造論のあらましにほかならない。

しかし角福戦争の一方の当事者である福田は、田中の計画が不可能であることを早くから喝破した。というのも、「角さんの列島改造論をそのまま実行したら、中東から日本までタンカーを数珠《じゅず》つなぎにするぐらい、石油を日本が買占めなきゃできないんだ。そんなことを世界が許すと思うかい」。[58] 素人が考えても許すはずがない。まさに福田の言うとおりである。

実際、タンカーが数珠つなぎになることはなかった。日本列島改造が具体化する前に土地投機が激化して地価が急上昇して出鼻をくじく。田中が開発すべき地域を名指ししたからだ。さらに追い打ちをかけるように第一次オイル・ショックが発生したのだ。

風向きが変わった日本経済

一九七三（昭和四十八）年十月、第四次中東戦争が勃発する。これを契機にアラブ産油諸国は、原油公示価格を従来の一バレル（一五九リットル）三ドル台から五ドル台、さらに一一ドル台へと値上げした。同時に中東戦争の敵対国であるイスラエルを支援するアメリカなどの国家に対して石油禁輸政策をとったのである。

日本はアラブ諸国に対して中立だった。しかしアメリカとの関係から非友好国として扱われ、アラブ諸国は日本への石油供給量を削減したのである。

日本は石油のほとんどを輸入原油に頼っていた。しかもその原油を比較的低価格で安定して手に入れていた。これは日本の経済発展に大きく寄与した。

ところがその価格が四倍近くに跳ね上がり、しかも供給量は制限された。翌七四（昭和四十九）年三月には、必要最小限の石油備蓄量である約六〇日分を割り込む事態になる。

企業は石油製品の買い占めや売り惜しみをし、また一般家庭はトイレットペーパーなどの生活必需品を買いだめした。オイル・パニックの発生である。

結果、日本のみならず世界でインフレーションが激化して、同時に深刻な不況が襲《おそ》った。いわゆるスタグフレーション（インフレと不況の同時進行）である。七四（昭和四十九）年における日本の実質国民総生産は前年比マイナス一・四%と、戦後初のマイナス成長になった。長期間続いた日本の高度経済成長は途絶えたのである。

この時期の蔵相は目まぐるしく交代した。愛知揆一《あいちきいち》が在任中に死亡し、田中が兼任したあと福田が蔵相に就く。政敵である福田の起用は、田中が日本列島改造論の矛先《ほこさき》を収《おさ》めることを意味していた。

「日本経済は全治三年の重症。物価は狂乱状態」[59]。福田は当時の日本経済をこのように表現し、かの有名な「狂乱物価」という言葉が生まれたのである。

かくして田中の日本列島改造論はうやむやになるのだが、もちろん完全に立ち消えになったわけではない。日本列島改造論を念頭に新たな新幹線が三本作られることになった。東北新幹線、上越新幹線、成田新幹線である。この三本の新幹線については森喜朗が面白いことを言っている。[60]

東京と新潟を結ぶ上越新幹線は、新潟出身の田中角栄から地元への土産である。しかしこれには田中の政敵である福田、それに中曽根も反対できなかった。というのも上越新幹線は群馬県高崎《たかさき》市を通るからだ。両人とも同じ高崎市を地元にしている。

また東北新幹線のルートには当時の自民党の有力者である椎名悦三郎《しいなえつさぶろう》や鈴木善幸《ぜんこう》（第6章参照）がいた。さらに成田新幹線（これは結局実現しなかった）のルートには、自民党副総裁を務めた川島正次郎《かわしましょうじろう》や「ハマコー」こと浜田幸一《はまだこういち》、城西大学創業者水田三喜男《みずたみきお》がいた。このように有力政治家の有無《うむ》によってルートが決まっていたというのが実態だった。「国土の均衡ある発展」の内実はこの程度のものだった。

ちなみに森によると、六四（昭和三十九）年に東海道新幹線ができた翌年、石川県の大物議員が日本海側に新幹線の必要性を訴えた。東京から富山を経由して、石川、福井を回って大阪まで行くルートである。

しかし北陸ルートは完全に無視されて、まずは右に記した三ルートが選ばれた。北陸新幹線の開通が遅れたのには、このような裏事情があったという。東京から長野、上越妙高《じょうえつみょうこう》駅を経由して金沢駅に至る北陸新幹線がようやく開通したのは二〇一五（平成二十七）年三月十四日のことだった。

すでに池田政権時代から唱えられていた、国土の均衡ある発展は理想としては誠にけっこうである。しかし半世紀以上を経たいまも、国土は均衡になど発展していない。東京への一極集中は激しさを増し、しかも人口減少により二〇四〇年には半数の自治体が消滅の危機に瀕《ひん》するという調査結果も出ている。

しかしそれでも「国土の均衡ある発展」という錦《にしき》の御旗《みはた》が降ろされることはないだろう。この誰も論破できぬ正論を掲げて、「地元への利益誘導＝票田《ひょうでん》の確保」を手にしようという政治家、そして政治家の口利きを頼みにし、かつ公共団体の仕事に丸々依存する事業者、これら我田引水《がでんいんすい》を得意技とする人々がいなくなるとは、とうてい考えられないからだ。

こうして、国民の血税は一部の人だけの利益となり、それを覆《おお》い隠すように「国土の均衡ある発展」という言葉が虚《むな》しく響く。以上のような構図を決定的に作り出してしまった田中角栄の罪は、あまりにも重い。

現代に続く「田中七〇年体制」の成立

田中による失策はまだある。社会福祉の拡充である。そんな良いことがなぜ失策なのか、と妙に思う人もいよう。

確かに社会福祉の拡充はこれまた結構なことである。田中は七〇歳以上の窓口負担をゼロなどとする医療制度改革、厚生年金の大幅な引き上げなどを盛り込んだ年金改革のほか、保養基地「グリーンピア」計画、生活保護扶養基準の引き下げなどを行なった。田中はこれらの施策を指して、一九七三（昭和四十八）年度を「福祉元年」と銘打った。

そもそも田中が福祉拡充策を思いついたのは、その背景に革新勢力の躍進《やくしん》があったからだという。革新人気を抑制するためにも、革新的な政策を大胆に取り入れたわけだ。

しかし田中が実行に移した福祉拡充策は、まさに最悪のタイミングでの実施だった。その年の秋に第一次オイル・ショックが発生し日本経済がパニックに陥るばかりでなく、次章で詳述するように日本経済の風向きが高度成長から安定もしくは停滞に変わるからである。

そのあおりをうけて、七五（昭和五十）年には赤字国債発行のやむなきに至る。しかも今や赤字国債は慣例となった。もはや社会福祉にかける歳出に大なたを振るうことなしに、財務体質の健全化は不可能になってきている。

しかも高福祉化への財政出動が、そもそも日本全体のためではなく（もちろんメリットを享受《きょうじゅ》できる人もいた）、政権の人気取りだったわけで、国民としては泣くに泣けない。

また、「国土の均衡ある発展」のもと今も財政は地方に向けて出動し、公共事業は花盛りである。しかしすでに述べたように、国土は均衡ある発展などまったくしていない。われわれはこの事実にどう向き合うべきなのか。

このように、国の経済事情に見合わない公共事業投資と高福祉政策、まさに現代の日本を象徴する構造を決定づけたのが田中角栄である。本書では田中がとったこの方針を便宜《べんぎ》上「田中七〇年体制」と名づけたい。

日中国交正常化でポイントを稼《かせ》ぎ、長期政権が予想された田中内閣ながら、田中七〇年体制を作りはしたものの、経済環境の激変にもまれてこれといった目覚ましい施策を打ち出せずにいた。

そこへ田中金権政治を批判する記事が、七四（昭和四十九）年十一月号の雑誌「文藝春秋」で展開され、同年十一月二十六日、田中は退陣を表明する。田中政権のあっけない幕切れであった。

なお、田中は学歴こそ高等小学校卒だったが終生勉強魔、記憶魔だった。特に法律に関する知識は群を抜いていて、三三本もの議員立法を提出し成立させている。公営住宅法、新道路三法、高速道路連絡促進法、新幹線建設促進法などはその一例だ。一人の政治家によるこの数字は今後も破られないのではないか、と言われている。

このように田中は首相時代よりもそれ以前に、地道な功績を積み上げてきた人物なのかもしれない。もちろん、右のような議員立法が、けっして我田引水の道具に使われてはならないのではあるが。

第6章　ジャパン・アズ・ナンバーワンを目指す

三木《みき》武夫《たけお》　一九七四年十二月九日〜七六年十二月二十四日
福田《ふくだ》赳夫《たけお》　一九七六年十二月二十四日〜七八年十二月七日
大平《おおひら》正芳《まさよし》　一九七八年十二月七日〜八〇年六月十二日
鈴木《すずき》善幸《ぜんこう》　一九八〇年七月十七日〜八二年十一月二十七日
中曽根《なかそね》康弘《やすひろ》　一九八二年十一月二十七日〜八七年十一月六日

ドラッカーの隠れた名著『見えざる革命』

経営学者ピーター・ドラッカーの著作に『見えざる革命』（一九七六年、ダイヤモンド社）という作品がある。

ドラッカーの著作としては、マネジメントものならば『経営者の条件』や『現代の経営』、社会経済ものでは『断絶の時代』や『ネクスト・ソサエティ』が著名だろう。対して『見えざる革命』は、ドラッカー好きを標榜《ひょうぼう》する人でも「読んだことがない」と言う人がきっと多いと思う。

『見えざる革命』のサブタイトルは「来たるべき高齢化社会の衝撃」となっていて、アメリカにおける人口構造の変化とその影響が主たるテーマになっている。だから日本には関係がない、と思うかもしれない。しかしドラッカーは同書の「日本語版への序文」で衝撃的なことを書いている。

本書は、アメリカにおける人口構造の変化の意味について述べている。しかし、それはそのまま日本にも当てはまる。

実はそれがもっともよく当てはまるのは、日本である。本書はあらゆる先進国に共通して見られる変化について述べているが、実はその変化は日本においてもっとも顕著である。しかも日本の場合、独特の伝統や習慣のゆえに、その変化のもたらす影響はきわめて大なるものがあるにちがいない[61]

ドラッカーはこのように述べた上で、当時の日本における大きな変化として、平均寿命の上昇による高齢者人口の増加、出生率の低下による若年就業人口の低下を指摘する。これは、ベビーブームおよび農村の若者の第二次産業への流入で支えてきた従来の生産性向上が、もはや期待できないことを意味する。仮に日本が経済発展を持続させようとするならばこれらの問題に対処する必要がある。ドラッカーはこのように指摘したのである。

繰り返すが、ドラッカーがこの作品を発表したのは七〇年代の半ば、一九七六（昭和五十一）年のことである。

当時は、ニクソン・ショックによる未曾有の円高、第一次オイル・ショックによる景気の大きな後退を経て、日本経済は再び従来の成長軌道に戻りつつある時代だった。

にもかかわらず、今から少子高齢化に備《そな》えよというドラッカーの提言は、机上の議論としてはともかく、実務の議論では俎上《そじょう》にすら上らない。これが現実だったと思う。

だから当時の日本で、ドラッカーの主張に真剣に耳を傾ける人はきわめて少数だったと考えて間違いない。仮に大多数の人が耳を傾けていたとしたら、『見えざる革命』は少子化と高齢化をテーマにした先駆《せんく》的著作として、ドラッカー作品の名著に数えられていたに違いないからだ。

日本で少子高齢化が頻々《ひんぴん》と語られるようになるのは、それから約二〇年近く経た九〇年代に入ってからである。

人口動態に見る「すでに起こった未来」

人口の増減や年齢構成、教育水準、所得など、人口構造に起因する変化は、ほぼ確実に予測できる。そのためドラッカーは現在の人口構造から見る将来を「すでに起こった未来」と表現した。

振り返って見ると、日本の人口減少はずいぶん早い段階から、その兆《きざ》しがあったことがわかる。一九四七（昭和二十二）年以降の出生数を見ると、四九（昭和二十四）年までの三年間は、二六〇万人台を維持していた。ピークは四九年の二六九万六六三八人である。合計特殊出生率（女性一人が一生に産む子どもの数）は四・〇を超えている。これが第一次ベビーブームであり、のちに団塊の世代と呼ばれるのはこの層の人たちだ。

ところがピークからたった八年後の五七（昭和三十二）年、出生数は一五〇万人台に激減する。加えて合計特殊出生率も、五七年以降の一〇年間のうち八年で、人口増加に必要といわれる二・一を下回る水準になった。これは伝統的な多産から近代的な少産へとたった一〇年ほどで移行したことを意味している。

その後出生数は丙午《ひのえうま》の年を除くと、六一（昭和三十六）年に底になったあと、七三（昭和四十八）年に再びピークの二〇九万人になる。これは団塊の世代が子をもうける時期（第二次ベビーブーム）に相当し、あらかじめ予想できたことだ。これをエコー効果と呼ぶ。

同様に第二次ベビーブーム以降、出生数が激減することも予想できる。実際、七四（昭和四十九）年以降、例外となる年が数年あるものの出生数は右肩下がりで減少している。

合計特殊出生率は七四年以降二・一を割り込んだままで、直近の二〇一三（平成二十五）年には一・四三となっている。これはまだ高いほうの数字で〇三～〇五年には一・二台になっていた。

またその一方で、医療技術の進展などで平均寿命が延び、少子化とは別に多老化（高齢化）が進んでいる。これは年齢を三区分（〇～一四歳、一五歳～六四歳、六五歳以上）にした推移で見ると一目瞭然になる。

一五歳～六四歳人口は五〇（昭和二十五）年以降、ほぼ六〇％台をキープしている（五〇年は例外で五九・七％）。一方、五〇年の〇～一四歳は三五・四％、六五歳以上はわずか四・九％である。これが八五（昭和六十）年には〇～一四歳が二一・五％、六五歳以上が一〇・三％となる。さらに二〇〇〇（平成十二）年に至っては、子どもと老人の数が逆転し、〇～一四歳が一四・六％、六五歳以上が一七・三％となった。

参照したのが五年刻みのデータだったので、子どもと老人の逆転は二〇〇〇年よりも早い時期に起こっていよう。

ちなみにドラッカーが『見えざる革命』を書いたのは、日本の出生数および合計特殊出生率がエコー効果を過ぎて再び下降し始めた、ちょうどその時である。これは、日本の高度経済成長を牽引《けんいん》した人口構造に変調が現われた時期と言い換えてもよい。

しかもその直前には、大平正芳が「戦後体制の屋台骨を揺るがすような事件」[62]と表現した、ニクソン・ショックと第一次オイル・ショックが連続して起こっている。

このように吉田ドクトリンが成立して四半世紀、日本の経済環境は国内外とも明らかに変調をきたしていた。この変調が顕著になったのが七〇年代前半だった。

では、この時期に、日本のリーダーは適切な措置をとったのか——。

目まぐるしく変わる国のトップ

予想外に約二年半の短期で終わった田中政権に続き、七〇年代から八〇年代初めの首相は、目まぐるしく就任し降板した。

田中に次いで首相になったのは自民党の長老三木武夫で、在任期間は一九七四（昭和四十九）年十二月〜七六（昭和五十一）年十二月の二年間である。

続いて福田赳夫が七八（昭和五十三）年十二月までの二年間、大平正芳が八〇（昭和五十五）年六月までの一年半、さらに鈴木善幸が八二（昭和五十七）年十一月までの二年四カ月と、だいたい二年を目処《めど》に政権は交代する。

当時の日本は高度経済成長から安定成長と言えば聞こえが良いが、要するに経済は停滞気味だった。

この期間の平均成長率は三・九％と、現代から見ればまだまだ高い数字ではある。しかし一〇％超えが当たり前だった六〇年代後半に比べると、停滞は明瞭《めいりょう》だと言えよう。またこの期間、あまり冴《さ》えた話もなく、社会は閉塞《へいそく》状況を呈《てい》していた。

田中政権を継いだ三木武夫は、戦時中の三七（昭和十二）年に衆議院議員に初当選したあと、五〇年以上もその座を守った人だ。四二（昭和十七）年の翼賛選挙に非推薦で立候補し、当選を果たした強者《つわもの》である。

戦後は国民協同党を結成し、社会党の片山哲内閣および民主党の芦田均内閣では連立政権の一角となる。三木自身は片山内閣時に逓信《ていしん》大臣に就任した。その後、国民民主党や改進党、日本民主党に所属し、保守合同の際に自由民主党の一員になる。やがて小派閥ながら三木派を率いた。

三木の政治を語る際に枕詞《まくらことば》となるのが「クリーン三木」だろう。実際、首相に就任した三木は、政治資金規正法や公職選挙法改正など、金権政治の浄化《じょうか》を目指した法案を成立させている。しかしクリーンなイメージとは裏腹に、三木はきわめて権謀術数《けんぼうじゅっすう》に長《た》けた人でもあった（でなければ半世紀以上も代議士を務めるのは困難だろう）。状況に応じて敵味方を目まぐるしく変えることから「バルカン政治家」との呼称もある。

首相就任時もバルカン振りを発揮した。田中の首相辞任表明後、後任の最有力候補は、角福戦争を戦った福田赳夫だ。三木は福田と一緒に田中内閣を飛び出した経緯がある。そのため福田は、三木が自分を支援してくれるものと全面的に信頼していた。また三木も福田支援を約束していた。しかし三木はどうやら水面下で活動していたようである。

総裁選定は公選ではなく、副総裁の椎名悦三郎に任された。いわゆる「椎名裁定」である。指名を受けたのは福田ではなく三木だったのだ。

この椎名裁定の前日、指名されるのは自分だと知った三木は、裁定文を自分で起草《きそう》したという話が残っている。福田は中曽根に続き三木にも煮え湯を飲まされたわけだ。

三木が内閣を組閣した時代の最大の出来事は、何と言ってもロッキード事件の右に出るものはない。これはアメリカの航空機メーカーであるロッキード社が、自社飛行機の受注のため世界の政財界を巻き込んだ大規模贈収賄事件である。

一九七六（昭和五十一）年二月に発覚したこの贈収賄事件が、日本にも飛び火する。商社丸紅《まるべに》がロッキード社のトライスターを全日空に売り込むため、政界に金を積んだのである。

三木は「徹底追求、真相解明」を掲げてロッキード事件の全容解明を指示する。これが同年七月、収賄の罪で田中角栄の逮捕に発展する。

田中は即時に保釈金を払って釈放される。福田政権を阻止するために三木擁立《ようりつ》に動いた経緯のある田中派は、一転して三木への対抗を露《あら》わにした。これはやがて「三木おろし」となって政権を揺るがす。一方で金権政治に嫌気がさした河野洋平《こうのようへい》をはじめとする若手グループが、新自由クラブを創設したのも同年のことだ。

七六（昭和五十一）年十二月、戦後初めての任期満了による衆議院議員総選挙が行なわれた。三木率いる自民党は、結党後初めての過半数割れを経験する。五五年以来続いた自民党の盤石《ばんじゃく》にひびが入った。経済のみならず政治もどこか変調をきたし始めたのである。

敗北の責任を取って三木は首相辞任を表明した。

角福戦争から大福戦争へ

三木退陣のあと満を持して政権を手に入れたのが、福田赳夫である。福田は群馬県金古《かねこ》町足門《あしかど》、現在の高崎市に生まれる。一高に入学後、東京帝大法学部を経て大蔵省に入省し、銀行局長、主計局長と、絵に描いたようなエリートコースを歩む。同じ大蔵省でも「赤切符」だった池田勇人とは大違いである。

五二（昭和二十七）年の衆議院総選挙で初当選し、保守合同の自民党では岸派に属し、やがて「経済の福田」として頭角を現わす。

福田は名句の作り手としても知られた。たとえば、池田政権の国民所得倍増計画による消費の過熱を「昭和元禄《しょうわげんろく》」と称し、角福戦争で田中に敗れた時は「天が福田を必要とする日が必ず来る」と言い放った。

また、第一次オイル・ショックによるパニックを「狂乱物価」と表現し、当時の日本経済を「全治三年」と見立てた。また年齢を聞かれると「明治三八歳」と答えたという。これは明治三十八年生まれだが、まだまだ若いぞ、という意味だ。

三木の後継は事実上、福田と大平正芳の争いとなった。大平と田中の仲はきわめて良好で、したがって大平のバックには最大派閥の田中派が控えている。話し合いの結果、「二年で交代」という密約を「大福」の二人が交わし、福田が先に首相になったと言われている。ただ、福田に言わせると「二年でも長いぐらいだ」とは言ったが、「二年で辞める」とは言っていないそうだ。

その結果、二年後の一九七八（昭和五十三）年の自民党総裁選挙で福田は、辞める約束はしていないという立場から出馬し、田中派の支援を受けて立候補した大平と戦うことになる。

今回の自民党総裁選挙では、一般党員による予備選挙を初めて実施することになった。金が乱れ飛ぶ国会議員だけによる総裁選挙を改めて、一般世論に近いものにしようとした結果だ。これは三木が総裁辞任の条件にしたもので、それを福田が実行したのである。福田としては党員を巻き込んだ選挙ならば田中派に勝てると読んだのだろう。

ちなみに福田は徹底して金権政治を嫌っていた。前の角福戦争で中曽根が田中に寝返る際、側近だった森喜朗が「二億～三億だしたらどうですか」と言ったという。「そんな金どこにある」と福田は言う。「ならば幹事長ポストを与えれば——」などと森がさらに詰め寄ると、「きみからそういう汚れ切った政治家のような話を聞くのは、ぼくは耐えられない。もう破門だ!」[63]と、福田は叫んだというのだ。

これでは田中と反《そ》りが合うはずがない。一方、田中派は徹底したローラー作戦を展開して一般党員に大平支持を訴えたのである（このとき田中派の実力者で自民党の全国組織委員長だった竹下登《たけしたのぼる》が党員名簿を手に入れて選挙に活用した、という話もある）。

予備選の結果は大平の勝利に終わった。このとき「まあ天の声もたまには変な声もあると思う」[64]という名言を残し、福田は本選出馬を辞退するのである。

こうして福田は、日中国交正常化の次の段階である日中平和友好条約締結の置き土産を残して首相の座を去る。後任に座ったのは大平正芳である。

国民無視の情けない党内抗争

大平正芳も福田と同じく大蔵省の出身だ。しかし出世コースは全く違う。福田より五歳下の大平は一九一〇（明治四十三）年に香川県で中農の二男に生まれた。高松高商に入学し、ここでキリスト教と出会い敬虔《けいけん》なクリスチャンになる。その後、東京商科大学（現一橋大学）に進み、大蔵省に入省している。

配属先は預金部で、その後税務畑に移りここで池田勇人の知遇《ちぐう》を得て、のちに宮沢喜一とともに池田の片腕になる。池田と同様、どちらかと言えば赤切符組だ。

五二（昭和二十七）年、香川県から衆議院総選挙に出馬して初当選を果たすから、福田とは同期である。保守合同後の自民党では池田派に属し、官房長官や自民党幹事長、蔵相、外相、通産相など政府や与党の要職を歴任した。

七八（昭和五十三）年十二月七日、大平は首相に就任するも、福田とのわだかまりが解けず、党内部の混乱に足を引っ張られる状況が続いた。

党内の混乱が目に見えて激しさを増したのは、七九（昭和五十四）年の衆議院総選挙における自民党の敗北後だろう。この選挙で急浮上したのが一般消費税の導入問題である。

七五（昭和五十）年に始まった赤字国債の発行は継続して続き、累積《るいせき》する残高に大蔵省は危機感を強めていた。そこで同省では増税によって税収を補うことを考えた。それが一般消費税の導入案である。税率を五%として八〇年から導入するものであった。

大蔵省出身の大平である。国庫の危機は理解済みだ。また、赤字国債発行の張本人は大平である。その汚名《おめい》をすすがなくてはならない。

大平は一般消費税導入を決意した。しかし、総選挙を前にした増税に党内から反対論が噴出《ふんしゅつ》する。大平は涙をのんで新税導入を撤回せざるを得なくなる。

しかし増税を撤回したにもかかわらず、選挙結果は自民党が過半数を割るばかりか、「三木おろし」の選挙となった前回よりも一議席少なくなったのである。

福田は大平に、三木以上の大敗を喫《きっ》した責任をとって総裁を辞任するよう要求する。しかしこれを大平がつっぱねると、あろうことか首相指名を行なう十一月六日の衆議院本会議に、同じ自民党から現職の大平と前職の福田が立つ事態に発展したのである。

これがいわゆる「四〇日抗争」と呼ぶ大混乱で、総選挙があった七九(昭和五十四)年十月七日から、第二次大平内閣の組閣が完了する十一月十六日までを指す。この間、自民党は「怨念の政治」に洗われるのである。

決選投票の結果は、大平が一三八票、福田が一二一票、まさに僅差で大平が勝利した。

しかしこの抗争には続きがある。翌八〇（昭和五十五）年五月、自民党内の造反により内閣不信任案が可決されるのである。大平は前回の選挙からまだ半年余りしか経過していないにもかかわらず、対抗措置として衆議院解散を宣言して、初の衆参同日選挙に突入するのである。

そこでまたしても一大事が起きた。選挙戦中の六月十二日、大平が心筋梗塞で急逝してしまう。壮絶な討ち死にと言えようか。

しかし大平の死が自民党に有利に働くとは、誠に皮肉な話である。同情票も集まったのだろう。六月二十二日の衆参同日選挙では自民党が大勝する。衆議院では過半数を大きく超える二八四議席を獲得したのである。

大平の短期政権はあっけなく幕を閉じた。その間の大平は身も心もボロボロだったに違いない。しかし我々から見るとそれは、国民を無視した内輪もめにしか過ぎない。本当はドラッカーも指摘した国内外の変調に対する措置が必要だった。にもかかわらず政治家は、政争に明け暮れていたのである。

大平の首相在任中に唯一笑顔が戻ったのは、七九（昭和五十四）年六月に東京であった主要先進国首脳会議（東京サミット）だろうか。サミットは七五（昭和五十）年に発足し、第一回はフランスのランブイエで行なわれた。日本からは三木首相が参加している。その後、日米英仏独の持ち回りで年一回開催となり、第五回が東京での開催となったのである。この東京サミットが大平にとって最も華やかな檜《ひのき》舞台だったに違いない。

「ジャパン・アズ・ナンバーワン」と言われて

政界では怨念の政治が繰り広げられる中、日本の経済は「良くもないけれど悪くもない」という状況が続いていた。

一つのエポックとなったのは七九（昭和五十四）年に発生したイラン革命に端《たん》を発する第二次オイル・ショックだろう。さらに翌年にはイラン・イラク戦争が始まり、二年間で石油価格は一バレル約一二ドルから約三五ドルへとほぼ三倍に上昇する。

しかし、第一次オイル・ショックを経験していた日本企業は比較的冷静に事態に対処した。まず、無駄な固定費を削減する減量経営を進めた。また、製造コストの低減に直結する省エネルギー対策を推進して、変動費の削減をも大胆に推進した。

さらに、場合によっては一時帰休の雇用調整も行なったが、大胆なレイオフなどを行なわず、労使一体となって難局に立ち向かった。

そのため日本経済に対する影響は比較的小さく、早期に不況を脱することができた。これは不況にあえぐ欧米企業とは対照的であり、日本企業の自信となったのである。

加えて日本企業がさらに自信を持つ出来事があった。イラン革命のあったその同じ年にアメリカの社会学者エズラ・ヴォーゲルが著作『ジャパン アズ ナンバーワン』（一九七九年、TBSブリタニカ）を発表し、日本でもベストセラーになったのである。

もっともベストセラー本とはいえ、実際に読んだ人よりも読んでいない人のほうが多いのは、現在のベストセラー本と変わりはない。では、中身を見たことのない人が『ジャパン アズ ナンバーワン』という本が人気だという情報に接したら何をイメージするか。

「なるほど。わが日本もとうとう世界トップクラスに躍り出たか」

その人は本のタイトルからこのように「勘違い」するに違いない。実際、日本語版の帯には「ナンバーワンの国・日本」とうたってあった。では、なぜこれが勘違いなのか。

というのもこの本は、確かに日本の良い点を列挙はしているのだが、そのためにこのま

までは アメリカが日本に追い越されることもあるかもしれない、ということをアメリカ人向けに警告した本だからである。

その上で、今後の日本についても考察し、先端技術分野での他国の追い上げ、高騰する人件費、高齢化する社会、政権の不安定さ、それによる行政効率の低迷など、問題点を的確に指摘している。

ところが日本では、こうした問題点には目を向けず、「勘違い」だけが先行してしまった。しかもこれに第二次オイル・ショックを乗り切った自信が加わった。「やっぱりジャパン・アズ・ナンバーワンなんだ」という勘違いがさらに強まった。そしてこの勘違いはバブル経済期にピークを迎えることになる。実はその下地はすでにこの頃に出来上がるのである。

「ゼンコー・イズ・フー?」と言われた男

大平の急死を受け、もはや「怨念の政治」とは決別《けつべつ》するために、党内調整能力が高いといわれた鈴木善幸が自民党総裁となり、一九八〇（昭和五十五）年に内閣を組閣した。しかし世界からは「ゼンコー・イズ・フー?」と評されたものである。確かに鈴木善幸の知名度は現在はおろか当時も低かった。

鈴木は一九一一(明治四十四)年、岩手県下閉伊《しもへい》郡に生まれた。農林省水産講習所を卒業後、水産業関連の要職を歴任する。四七(昭和二十二)年、衆議院総選挙に岩手一区から立ち初当選を勝ちとっている。最初の立候補で所属したのは社会党である。

さらに続く四九(昭和二十四)年の衆議院総選挙では民主自由党から出馬して当選を果たす。池田勇人に可愛がられ保守合同後の自民党では池田派に属した。

ところで池田勇人が結成した派閥は「宏池会《こうちかい》」と称し、経済に強い政策集団として人材を集めた。「宏池」とは後漢《ごかん》の碩学《せきがく》である馬融《ばゆう》の「高崗《こうこう》(小高い岡)の榭《うてな》(屋根のある台)に休息して宏池に臨む」に由来する。もちろん池田の「池」にかけたものだろう。

この宏池会の中に、代議士ではないものの、カリスマ的経済理論家がいた。大蔵省に席を置く下村治《しもむらおさむ》である。池田が提唱した国民所得倍増計画は、実はこの下村が中心になって立案したものだ。

下村はきわめて早期にケインズ経済学を大蔵省内に紹介した人物だ。宮沢喜一も下村からケインズ経済学の手ほどきを受けている。宮沢がバリバリのケイジアンになったのも、下村の与《あずか》るところが大きい。したがってバラマキ財政は宮沢の得意とするところだ。

当初は政策を論議する場として始まった宏池会は、五七（昭和三十二）年頃から派閥の体《てい》をなし始める。そして、池田亡き後の会長は、前尾繁三郎《まえおしげさぶろう》から大平正芳に移り、さらに大平亡き後に就任したのが鈴木善幸である。だから宏池会は二代続けて首相を送り出したことになる。

ただ宏池会は政策に強い反面、政局には弱いといわれ、ために「公家集団」とも称された。森喜朗政権時代に内閣不信任案が提出され、ときのＹＫＫ（山崎拓《やまさきたく》・加藤紘一《かとうこういち》・小泉純一郎）の一角で宏池会のホープだった加藤紘一が不信任に同調した。しかし派閥をまとめきれず不完全燃焼に終わったことがある。いわゆるこの「加藤の乱」は、政局に弱い宏池会を象徴する出来事だったと言えよう。

それはともかく、鈴木政権の時代は第二次オイル・ショックの調整時期と重複する。景気はけっして明るくはない。また、前政権の大平は増税で大きな失敗をしている。一方、八〇（昭和五十五）年度末の国債残高は七〇兆円以上も積み上がり、国債依存率は三二・

六％に達した。

鈴木は「増税なき財政再建」を打ち出して、土光敏夫《どこうとしお》経団連名誉会長を会長にすえた第二次臨時行政調査会（第二次臨調）に行政改革を諮問《しもん》する。

第二次臨調からの答申では、三公社の民営化移行や中央省庁の組織改革を提言した。しかし、これらが鈴木政権で実現されることはなかった。というのも、一九八二（昭和五十七）年十月十二日、鈴木は突然首相辞任を表明するからだ。

理由は判然としないが、一つは公約にした赤字国債からの脱却の目処が立たなかったことだろう。赤字国債は八一（昭和五十六）年度末が三三兆円弱、それが八二（昭和五十七）年度末には四〇兆円を超えてしまったのである。

また、アメリカとの関係がもつれたのも辞任の理由と言われている。鈴木は八一（昭和五十六）年五月に訪米してロナルド・レーガン大統領と日米会談を行なっている。その際の共同声明で用いた「同盟」という言葉について、「同盟という言葉に軍事協力は含まない」と鈴木は表明した。これに対して外相の伊東正義《いとうまさよし》は「含む」と発言したため、閣内に不統一が生じたのである（その後伊東は外相を辞任する）。

首相の椅子に執心する人ばかりが目立つ中で、恬淡《てんたん》とした鈴木の去り際は世間を驚かせた。そのため鈴木の辞任に、世間は一転して「ゼンコー・イズ・ホワイ？」と口にしたのである。

田中曽根《たなかそね》内閣と揶揄《やゆ》されて

いまや首相の早期交代は日本の風物詩《ふうぶつし》になった感があるが、その最初の事例が田中角栄から鈴木善幸に至る一〇年間だろう。

続いて中曽根康弘が首相の座について政権を担当する。当時の国民は中曽根政権も短期で終わると予想したに違いない。

ところが中曽根は八二（昭和五十七）年十一月二十七日に就任し、八七（昭和六十二）年十一月六日に退陣するまでの、ほぼ丸五年間、政権を維持した。しかも辞任の際には後任の自民党総裁を選ぶ余裕もあったほどである。

中曽根は福田赳夫と同じく群馬県高崎市生まれで、実家は材木商として手広く商売を行なっていた。東京帝国大学法学部を卒業後、内務省に入省して海軍主計将校となる。この海軍将校時代に徴用工員と悲哀《ひあい》をともにした経験が、どちらかというとタカ派色の強い中曽根の下地になったようだ。

中曽根の政治態度を指す言葉に「風見鶏《かざみどり》」がある。風向き次第であっちについたりこっちについたり、すぐに方向を変えることからついた名だ。

この「風見鶏」というあだ名に対して中曽根は、「風向きを知ることは操艦《そうかん》の第一歩である」[65]と、海軍将校流の考え方を援用して意に介さない。

ほかにも「荒天の時は風に向かえ。それが操艦の要諦《ようてい》である」「左警戒、右見張れ」「艦位は常に正確に」などといった海軍流の行動基準は、いずれも日本の外交原則や党内行動に応用できる、と中曽根は述べている。[66]

このような人物だから、一九四七（昭和二十二）年の衆議院総選挙で初当選し、やがて吉田政権批判で注目を集めた際は「青年将校」と呼ばれたものである。

保守合同の自民党で中曽根は河野派に属した。派閥の領袖《りょうしゅう》である河野一郎は、中曽根にとって政治家の手本となる。また、中曽根が宰相《さいしょう》の手本としたのが佐藤栄作である。中曽根はこの佐藤内閣時代に運輸大臣や防衛庁長官に就いている。

初当選が同期、生年月も同じ田中角栄と中曽根は、常に微妙な関係にあった。犬猿の仲ではないものの、水魚の交わりではけっしてない。言い方は悪いが、両人とも打算ずくめの付き合いだったようだ。

七二（昭和四十七）年、いわゆる角福戦争と呼ばれた田中と福田の総裁争いでは、同じ群馬出身の中曽根が福田を支持せず、その結果田中が総裁の椅子を手にしたことはすでに述べた。また、四〇日抗争の際、大平内閣の不信任案は福田派と三木派の欠席で可決される。実はこのときも中曽根は当初福田らに同調していた。しかし最終的には田中がバックにつく大平に寝返っている。これでは「風見鶏」と呼ばれてもしようがない。

中曽根が首相の座を得たのも田中の与るところが大きい。最大派閥である田中派が総力で中曽根を支持したのである。

中曽根内閣のバックには田中がいることから、世間は「田中曽根《たなかそね》内閣」と揶揄《やゆ》した。また、背後で政権を操る田中の実力はまだまだ衰えを見せない。そのため田中は「闇将軍」や「キングメーカー」（首相を意のごとく次々と作ることから）の異名を持つようになる。

日本国有鉄道の民営化に腐心する

中曽根内閣は「仕事師内閣」を標榜し、また政策的には「戦後政治の総決算」を掲げて始動した。外交面では、日本の首相として初めて韓国を訪問して経済援助を約束している。また、アメリカ大統領ロナルド・レーガンとは「ロン・ヤス」関係を構築することに成功し、日米の蜜月関係を強調した。

一方、国内問題で最大の懸案は、一九八三（昭和五十八）年十月のロッキード裁判で田中角栄が有罪になったことである。これにより「田中曽根内閣」への批判は高まり、中曽根は解散・総選挙を選ばざるを得なくなった。この総選挙で自民党は過半数割れを喫《きっ》す。

しかし新自由クラブとの連立を実現した中曽根は政権維持に成功する。そしてこの危機を切り抜けたあと、中曽根は長期政権へと邁進《まいしん》した。中でも鈴木善幸内閣から引き継いだ三公社民営化の実現は中曽根の大きな功績と言えよう。

第二次臨調が答申した懸案の三公社民営化とは、日本専売公社、日本国有鉄道、日本電信電話公社の民営化を指す。現在ではそれぞれＪＴ、ＪＲ、ＮＴＴに名称が変わっている組織の前身《ぜんしん》だ。

この中で「国のお荷物」であり、民営化など全くもって不可能と言われていたのが日本国有鉄道いわゆる「国鉄」である。

鉄道が普及する明治期の日本では、国が所有する鉄道以外に民間出資で敷設した私設鉄道が多数あった。しかし国は軍需物資を円滑に運ぶ必要性から、鉄道の国有化を進めることになる。〇六（明治三十九）年には鉄道国有法が成立し、以来、日本の鉄道界は国鉄を中心に動いてきた。

しかし独占企業は競争原理が働かない。そのせいか、料金は高くサービスの品質は低い国鉄が生まれる。加えて経営陣からは経営意識が薄れ、他方で労働者の声ばかりが強くなるから、国鉄は六四（昭和三十九）年の赤字計上後、雪だるま式に赤字が膨らむ。八〇年代に至っては毎年一兆円の赤字を出す状況で、八三（昭和五十八）年度まで何と一〇兆円の累積赤字を計上した。国の補助金は六〇〇〇億円にも上ったものの、それでも金利さえ払えない始末である。

公営から民営への切り替えに国鉄労組が猛反対した。遡《さかのぼ》ること三〇余年前の四九（昭和二十四）年、ドッジ・ラインの一貫で国鉄職員の整理が行なわれた。この整理を機に同年七月から八月にかけて、下山《しもやま》国鉄総裁が轢《れき》死体で見つかった下山事件、無人列車が暴走して六人が死亡した三鷹《みたか》事件、列車が転覆して機関士が三人死亡した松川《まつかわ》事件と、不可解な事件が連続して起こった。

これらの事件の全容はいまだ解明されていない。犯人もわからない。しかし、当時以上の大変革となる民営化にはさらに大きな事件の発生も予想される。

それでも中曽根は強力なリーダーシップで改革を果敢に押し進めた。やがて日本国有鉄道改革法が成立し、八七（昭和六十二）年三月三十一日限りで国鉄は廃止となり、JR東日本をはじめとする六つの旅客鉄道会社、貨物鉄道会社、新幹線保有機構に分割民営化されたのである。

民営化後の経営改革は着実に進み、二〇〇五（平成十七）年にはJR七社で約五〇〇〇億円の経常黒字を達成し、約二四〇〇億円もの法人税を納めるに至っている。

あのまま国鉄が存続していたら未曾有の補助金が次々と投入され、アワのように消えていったことだろう。もちろんその原資は我々国民の血税である。それを回避した国鉄民営化断行は、中曽根の大きな手柄の一つだと言ってよい。

しかしもちろん、中曽根政権もいいことずくめだったわけではない。

格差社会の始まり

中曽根が政権を握っていた当時、アメリカではレーガン大統領、イギリスではサッチャー首相が国のトップにあった。

レーガンとサッチャーはともに保守主義と市場中心主義を唱えており、積極的な規制緩和政策を行なっている。累進所得税の上限額と税率の緩和もその一つだ。このことが一因となって、八〇年代以降、アメリカとイギリスでは所得格差が拡大することになる。

中曽根もこの二人に歩調《ほちょう》を合わせるかのように同様の政策を実施した。所得税の累進課税を簡素化するとともに、超高額所得者に有利な税率に改めている。

また中曽根時代には労働者派遣法の運用が始まっている。同法は派遣労働者（いわゆるハケン）の就労条件や権利を定義したものである。当初、派遣労働は専門職に限定されていた。しかしその後適用範囲が広がり、〇二（平成十四）年には製造業へも労働者を派遣できるようになった。

派遣労働は多様な働き方の選択肢を増やす上で好ましい。しかし企業側が、景気に応じた調整弁として派遣労働者を利用するという問題は当初から指摘されていた。

中曽根以降も超高額所得者に有利な所得税の累進課税が進んでおり、これに派遣労働者の増加が相まって、所得格差が従来になく拡大しているのが今の日本である。その発端は中曽根政権時代に遡ると言ってよい。

また中曽根は財政健全化のために、大平に続いて新たな税制の導入を考えた。売上税がそれなのだが、実態は大平が導入しようとした一般消費税と変わりはない。

とはいえ売上税反対の世論は厳しく、結局導入は実現せず、一九八七（昭和六十二）年十一月六日、中曽根は退陣するのであった。

もっとも中曽根退陣の話をする前に、中曽根政権時代に日本ばかりか世界を揺るがした大事件についてふれなければならない。「プラザ合意」である。このプラザ合意が直接的あるいは間接的に影響して、日本はバブル経済へと突入していく。

この点については、改めて次章で記すことになる。

第7章　バブル経済の暴走から崩壊へ

竹下登《たけしたのぼる》　一九八七年十一月六日〜八九年六月三日
宇野宗佑《うのそうすけ》　一九八九年六月三日〜八月十日
海部俊樹《かいふとしき》　一九八九年八月十日〜九一年十一月五日
宮沢喜一《みやざわきいち》　一九九一年十一月五日〜九三年八月九日

始まりとしてのプラザ合意

中曽根内閣当時の一九八五（昭和六十）年九月二十二日、ニューヨークのプラザ・ホテルで五カ国蔵相会議が極秘裏《ごくひり》に開かれた。集まったメンバーはアメリカを筆頭にイギリス、フランス、ドイツ、日本である。日本の蔵相は竹下登だった。

七一（昭和四十六）年にニクソン大統領がドルと金の交換停止を宣言し、これにより同年末には円相場が三〇八円に急上昇したことはすでにふれた。しかしドル安策を講じたにもかかわらず、その後もドルは相対的に高目で推移する展開になった。

当時の為替市場はアメリカのドルが高く、円やマルク（当時のドイツの通貨）が安かった。そのためアメリカに製品を輸出する両国には有利で、日本とドイツが貿易黒字国、アメリカが貿易赤字国である。そのため日米貿易摩擦《まさつ》が大きな問題となっていた。

アメリカは五カ国蔵相会議の席で自国の貿易赤字がこれ以上増えないよう、主要各国に為替市場への協調介入を要請した。各国はドル売り円・マルク買いで協調することを決定する。これが世に言うプラザ合意である。

プラザ合意以前、円は一ドル二四一円台で推移していた。それが合意発表後の同年末までに、円は一ドル二〇〇円にまで一気に上昇する。さらに翌年二月には一五五円台に突入するという超円高である。約五カ月で九〇円近くも円高ドル安が進むのはまさに未曾有と言ってよい。

プラザ合意の翌年八六（昭和六十一）年七月、竹下のあとを継いで、第三次中曽根内閣の蔵相に就任した宮沢喜一がこの超円高に対処した。

当時の宮沢は、円高の推移を毎日見守り、必要があれば二〇億ドルくらいの市場介入を実行した。これは当時のレートで三〇〇〇億円にも上る金額だからけっして半端な額ではない。ところが相場は一向に反転しない。それはまるでブラックホールへ金を投げ込むようなものだった、と宮沢は言う。

問題は投げ込んだ金の価値である。購入したドルは五、六日もすればまた下がる。「そんなものを毎日一所懸命買っている馬鹿な大蔵大臣が一体あるか、というようなことを思うと、まことに情けない」[67]。これが当時の宮沢の心境である。

それはそうだろう。ドルは国が所有する円で買う。手持ちのドルが増える。このドルの価値が五、六日ごとに下がるわけだから国に損害を与えることになる。宮沢が「誠に情けない」と歎《なげ》いたのは、そのような意味だ。

バブル経済への多様な要因

超円高で国はパニックである。しかし最も深刻だったのは、実体経済で為替取引をしている日本の輸出型企業だった。

今日、一ドル二〇〇円で販売していた商品が、翌日は同じ一ドルでも為替の変動で一〇〇円になったとしたらたまらない。赤字は必至《ひっし》だ。極端な喩《たと》えではあるが、プラザ合意による超円高で、輸出型企業は同様の状況に陥ったのである。

アメリカからの要請もあり、宮沢は企業が必要とする資金が市場に流れるよう利下げ誘導に動いた。日銀もこれに応じて、一九八六（昭和六十一）年十一月一日に公定歩合《こうていぶあい》は三・五%から三・〇%、翌年二月二十三日には二・五%になる。金利を安くすることで、苦境に陥る企業が金を借りやすくする、という狙いだ。

もっとも超円高は日本にとって悪いことばかりではない。ほとんど全てを輸入に頼っている石油の価格が円高によって下落したからだ。

金利が安くなるとインフレーションが発生しやすくなる。しかし、石油価格の下落で消費者物価は比較的安定していた。そのため超円高の割には、実体経済の落ち込みは軽く済んだのである。

またためざとい企業の中には、超円高を利用した財テクで大儲《おおもう》けするところもあった。仕組みはこうだ。

まず海外市場でドル建てのワラント債《さい》を発行する。ワラント債とは、一定期間内にあらかじめ決められた価格で株式を購入できるオプションを社債につけたものだ。

当時の日本株は上昇基調にあったから、低利でワラント債を発行できる。一方、債券の満期までに円高ドル安はさらに進むと予想できる。

それならばワラント債で得たドルを円に交換し、償還《しょうかん》時に再びドルに戻して支払う。そうすれば金利がマイナスになることもあり得よう。債券を発行して金利を払うどころか金利を手にできるわけだ。まさに錬金術《れんきんじゅつ》のような話である。

同業者から財テクで儲けたという話を聞けば、「ならばうちも」となるだろう。証券会社ではこのようなニーズに営業特金で対応した。

これは企業の資金を預かって証券会社が運用するものだ。その際に「にぎり」と称して八％などの最低利回りを密《ひそ》かに保証するのである。ワラント債で得た金を特に投資には使わず、営業特金で運用すれば、円高と運用益で実に安全に二重のうま味が得られよう。

さらに政府では、金融緩和に加えて六兆円規模の緊急経済対策も実行した。企業が債券市場で得たカネもある。市場に金が一斉にあふれ出したのである。

このカネは有利な投資先に流れるであろう。では、どこに向かったのか。そう、土地である。影響は短期間で出た。早くも八七（昭和六十二）年の地価公示で、東京都の平均上昇率が五三・九％という記録的な数字になったのである。さらにカネは土地や財テクで利益を得た企業の株式へ、さらには株式市場全体へと流れ込むことになる。

一般投資家による財テク元年

この八七（昭和六十二）年という年は日本の株式市場にとって忘れられない年である。NTT株の売り出しがあったのだ。三公社の民営化で日本電信電話公社がNTTとなり、政府が保有するNTT株の三分の二にあたる一〇四〇万株の市場放出が決まった。

当時の中曽根政権は、先に二〇万株を競争入札で機関投資家に販売し、その売却価格を念頭に八七（昭和六十二）年一月に予定している一般売りの価格を決定した。額面は一株一一九万七〇〇〇円に決まる。

こんな価格で売れるのか、という意見もあったらしい。しかしフタを開けてみると、一回目の放出である一六五万株に対して申し込みは何と一〇〇〇万件を超えた。そのほとんどが個人だったという。

同年二月にＮＴＴは東証に上場を果たした。初日は買いが集中して値がつかず、翌日ようやく一六〇万円の初値がつく。

約一二〇万円の株式が、一ヵ月かそこらで四〇万円値上がりしたわけだ。こんな旨い話があるだろうか。紀貫之《きのつらゆき》の『土佐日記』ではないけれど「企業もすなる財テクといふものを、個人もしてみむとてするなり」の時代が始まったのである。

もっともやがて株式市場に動揺が走る。同年十月十九日、アメリカ株式市場のダウ平均が五〇八ドルという未曾有の下げを記録した。世に言うブラックマンデーである。

この余波《よは》が日本を襲い、株式市場は大混乱になる。しかもＮＴＴ株が話題をさらったことから「私もしてみむ」という個人投資家で、日本の株式人口が急増している矢先のことだ。「財テク元年」に冷や水が浴びせられたのである。

しかし、証券会社は現在の株価が実体に比べて下げが行き過ぎだと判断した。そして今の安値が好機とばかりに徹底したセールスを展開したのである。当時の公定歩合は二・五%で過去最低だった。日銀は公定歩合の引き上げを模索するも、ブラックマンデーで時機を逸する。カネがあふれ、これが株式市場を支えた。

その結果、ブラックマンデーは日本の株式市場にそれほど甚大な影響を及ぼすことはなかったと言わざるを得ない。あふれるカネが市場を助けたのである。

しかし、市場を救ったこのあふれるカネが、今度はバブル経済を生み出すのだから、世の中とは皮肉なものだ。

「一〇年たったら竹下さん」

中曽根政権末期、すでに東京の地価上昇は始まっていた。バブル経済の火はすでについていたと言ってよい。

そのタイミングで中曽根は売上税の導入を目論《もくろ》む。しかし導入に失敗した中曽根は退陣を表明し、後継者を指名することになった。この時、自民党総裁の椅子は、竹下登、安倍晋太郎、宮沢喜一の三人が争っていた。

中曽根が指名したのは竹下登である。一九八七（昭和六十二）年十一月六日、中曽根内閣が退陣して竹下内閣が成立する。

竹下は島根県の造り酒屋の十二代当主として生まれた。四〇〇年続く同酒蔵は現在も竹下本店として島根県雲南《うんなん》市を拠点に酒造業を営んでいる。看板酒「出雲誉《いずもほまれ》」のほか、竹下登やその孫でタレントのＤＡＩＧＯを活用したブランド酒なども開発している。

竹下の生まれは二四（大正十三）年二月で、学年は大正十二年生まれと同期である。しかし戦地への召集がかかるのは大正十二年生まれまでのため、十三年生まれである竹下は半年遅く生まれたため命拾いした、と本人が語っている。[68] 村山富市《むらやまとみいち》（第8章参照）も大正十三年三月生まれで、竹下と同様十二年生まれと同期、しかも命拾い組である。

戦後、早稲田大学に復学した竹下は商学部を卒業する。その後中学校教員や島根県議会議員を経て、五八（昭和三十三）年の衆議院総選挙に島根から出馬して初当選した。

竹下は佐藤派、その後は田中派へ移り、佐藤・田中両内閣で官房長官を経験する。佐藤内閣での官房長官は史上最年少の四七歳だった。やがて木曜クラブ（田中派）の大物として、大平内閣や中曽根内閣の蔵相を務めた。

竹下の周囲では「一〇年たったら竹下さん」という戯《ざ》れ歌をよく歌ったというが、自分自身もやがて首相に就く狙いがあったのだろう。

一九八五（昭和六十）年二月七日、竹下は金丸信《かねまるしん》とともに木曜クラブ内に勉強会として「創政会《そうせいかい》」を設立し、竹下が会長に就任する。それからわずか二〇日後の同月二十七日、派閥首領の田中角栄が脳梗塞で入院し、重い後遺症が残る。

さらに翌八六（昭和六十一）年七月には政策集団「経世会《けいせいかい》」を旗揚げして竹下が会長になる。派閥の名称は「経世済民」からとったものであるのは明らかだ。

田中派の大半が経世会に参加するも、二階堂進《にかいどうすすむ》をはじめとした一部が木曜クラブにとどまり、ここに田中派は分裂するのであった。

そして翌八七（昭和六十二）年十月、中曽根から指名を受けた竹下は自民党総裁となり、十一月六日に内閣総理大臣に就任する。

このように八五年からの流れを見ると、竹下は首相の座へとまっしぐらに進んでいたことがわかる。水面下ではきっと入念な策を打ったのだろう。「一〇年たったら竹下さん」は実現されたのである。

政府の悲願、消費税導入なる

竹下が首相在任中に成し遂げた最も大きな仕事は、やはり消費税の導入だろう。大平内閣は一般消費税、中曽根内閣は売上税の導入を目論んだ。しかしいずれの政権もこの増税案がもとで退陣している。内閣にとっては鬼門の案件だ。

竹下はこの鬼門にあえて挑戦した。蔵相を長く経験したことから、竹下は国庫が火の車だということを十分理解していたはずだ。世間はバブル景気に浮かれている。増税のタイミングとしては悪くない。

そもそも大平が一般消費税の創設を決めた当時の蔵相は竹下だった。赤字国債を最初に発行したのはクリスチャンの大平自身であり、その罪滅ぼしとして消費税導入に執念を燃やした。だから消費税導入は、大平の贖罪《しょくざい》意識みたいなものだ、と竹下は言う。

野党や国民は、三％消費税導入にもちろん反対である。とはいえ、バブル経済で景気は沸き返っており、「三％くらいはしようがない。なんとかなるだろう」という楽観的気分があったことは否定できないだろう。

一九八八（昭和六十三）年十二月、大平の執念を引き継いだ竹下は、国民や野党の反対を押し切って消費税法案をはじめとした関連法案を通し、翌年四月一日より施行が決まった。日本人が初めて経験する消費税である。

しかし今から思うと、バブル経済期は財政赤字を解消する絶好の機会だった。企業の業績が軒並み高いため税収が大きく膨らんだ。これにより八七（昭和六十二）年を境に赤字国債の残高は前年並みまたは微減傾向になる。それに今回の消費税の導入である。

これらに加えて、八七（昭和六十二）年に売り出したＮＴＴ株で国が得た一四兆円を超える収入についても、国債償還の原資となるはずだった。

ところが世はままならない。ＮＴＴ株の売却益は公共事業の無利子融資に利用され、横浜の「みなとみらい21地区」「幕張新都市整備」などに投資される。不景気時ならばいざしらず、この超好景気に公共事業投資を積み上げる必要があったのか。

しかもやがて好景気は収束して、消費税の導入効果も及ばず、国債残高は未曾有の額に積み上がるのであった。

リクルート事件で引責辞任

消費税の施行まで三カ月を切った八九（昭和六十四）年一月七日、昭和天皇が崩御《ほうぎょ》する。当時、竹下内閣で官房長官を務めていた小渕恵三が、新元号を「平成」と発表した場面をいまだ記憶している人は多いはずだ。しかしこの小渕恵三が、やがて内閣総理大臣になるとは、当時いったい誰が予想したことだろう。

福田赳夫が、崩御した昭和天皇についてその人柄をしのばせるエピソードを語っている。[69]角福戦争で田中に敗れた七二（昭和四十七）年、福田は天皇皇后の訪欧に首席随員としてお供する。この随行で福田は小さな失敗をした。

バッキンガム宮殿で、エリザベス女王による晩餐会《ばんさんかい》が夜遅くまで開催された。翌日は早朝にオランダへ向かう。福田の二男で秘書の横手征夫《よこていくお》はその晩のうちに荷造りを済ませ、先に荷物を空港に送り出した。

翌朝、福田がネクタイをしようと思うと、一本もない。ネクタイは全部、昨晩空港に送った荷物の中だ。当時はノーネクタイで許される時代ではない。ましてや天皇の首席随員である。大騒ぎした福田は、仕方なく在英大使館員のネクタイを借りてその場をしのぐ。この騒ぎが天皇の耳に入ったらしい。後日、福田は天皇に会うたびに、

「きょうはネクタイをしているね」

と、天皇からひやかされたという。また天皇は、秘書の横手に対しても、

「近頃は秘書をちゃんとやってますか」

と、からかったそうだ。ユーモアのある人だったようである。

大喪《たいそう》の礼も事《こと》なく終え、世紀の大役をまっとうした竹下はほっとしたに違いない。しかし政治の現実に戻ると竹下は一転憂鬱《ゆううつ》になっただろう。

昨年六月に発覚したリクルート事件が、日の経《た》つごとに大問題化していたからである。

この事件はリクルートの創業者江副浩正《えぞえひろまさ》が、子会社で未上場の不動産会社リクルート・コスモスの株式を、有力政治家や財界人に贈与した贈収賄事件である。

ただし単純な無償贈与ではなく、江副は有力者に株式を購入してもらう形をとった。そ

の際にリクルートの関連会社から株式購入資金を貸し付けたのである。

そのため株式を手にした側は株式購入資金に困らない。また、上場後、手持ち株を売れば、借りた金を返しても利益を手にできるだろう。

この構図が贈収賄と認定された。しかし、当時は同様の事案に対する法律はなく、グレーな部分が残る事件だった（結局江副は二〇〇三年に執行猶予つきの有罪判決となる）。

収賄側にはそうそうたる大物の名が並んでいた。ときの首相である竹下登をはじめ、前首相の中曽根康弘、蔵相の宮沢喜一、中曽根政権時代の官房長官藤波孝生《ふじなみたかお》、自民党幹事長安倍晋太郎、財界ではＮＴＴ会長の真藤恒《しんどうひさし》らである。

八九（平成元）年二月に江副が逮捕されると、財界ルートさらには政界ルートへと逮捕者が出ることになる。

とうとう政権を持ちこたえられなくなった竹下は、四月二十五日に平成元年度予算を成立させたあと退陣を表明する。そして六月三日、内閣は総辞職した。長期政権が予想されたにもかかわらず、竹下の首相在任はわずか一年七カ月にしか過ぎなかった。

バブルのピークと東西冷戦

未上場の不動産会社の株式を上場して利益を得る——。

リクルート・コスモス株の譲渡は、まさに「土地」と「株式」という、バブル経済を編み上げるのに必要な縦糸と横糸をしっかりと押さえていた。この意味でリクルート事件は、バブル期を象徴する出来事だったように思える。

この一九八九（平成元）年、地価と株価の上昇による値上がり益（キャピタルゲイン）は、五〇〇兆円を突破した。これは同じ時期の国内総生産を一〇〇兆円近く上回る額だ。つまり日本国内の労働者が額に汗して稼ぎ出した金よりも、土地と株が生み出した値上がり益のほうがはるかに多かったということだ。これでは額に汗するのが馬鹿馬鹿しくなる。

同年十二月二十九日の大納会、日経平均株価は史上最高値の三万八九一五円に達した。まだバブル経済前である八五（昭和六十）年末の一万三一一三円に比べると、ほぼ三倍に値上がりした。もっともその間の日本の国内総生産は、三二〇兆円から四〇〇兆円と、わずか一・二五倍になっただけである。

どこかに歪《ひず》みがあるに違いない——。常識的に考えるとこうなろう。

一方、目を世界に転じると、この八九（平成元）年の十一月九日に東西冷戦の象徴だったベルリンの壁が崩壊し、続く十二月三日にはアメリカとソ連がマルタ島で会談して冷戦終結を宣言した。

日本からすると、この東西冷戦の終結は、どこか他人事《ひとごと》のように思えたかもしれない。しかし実際はきわめて大きな出来事だった。まず、日本の安全保障の環境が大きく変わったことが挙げられる。

そもそもアメリカは、東西冷戦下において、日本を防共の砦《とりで》にしようと考えた。日本はアメリカの意図をくみとり、防衛力の全てではないにせよ、その多くをアメリカに依存しながら経済的発展を目指したのが、吉田ドクトリン下の日本だった。

ところが東西冷戦が終了した今、アメリカにとっては防共の砦としての日本の価値が明らかに薄れた。その一方で、キャピタルゲインによるジャパン・マネーがアメリカに流れ込む。ソニーはコロンビア・ピクチュアを買収《ばいしゅう》し、三菱地所はロックフェラーセンターを買い上げる。そんな国をアメリカは血を流して保護し続ける必要があるのか——。

こうして日本は東西冷戦後の安全保障について、再考が必至となるのである。

また、国内の政治では、社会主義国の終焉《しゅうえん》により、社会党の存在価値が急速に薄れることになる。言うなれば従来は社会党が東側諸国を、自民党が西側諸国を担当して「二刀流外交の極致《きょくち》」を実行してきた。

しかし、東側諸国の消滅は社会党の存在意義の消滅を意味した。実際、九六（平成八）年一月、社会民主党への改称により日本社会党の名は消えてしまうのである。

バブル経済が崩壊する

年が明けて九〇（平成二）年一月三日、日経平均株価は今年末に四万四〇〇〇円前後へ上昇、と日本経済新聞が予想した。しかしこの予想は大きくはずれる。

大発会があった一月四日、株式は全面安でスタートした。理由はよくわからない。「下落は一時的だろう」という予想を裏切り、株価はその後もじりじりと下がり続ける。

同年三月、昨年末に〇・五％引き上げられたばかりの公定歩合が一％引き上げられて五・二五％になった。さらに不動産会社に対して行なう銀行の融資を制限する総量規制の導入が決まり、四月から施行された。政府の経済引き締め策が顕著になった。以後、株価は雪崩《なだれ》を打ったように崩壊する。九二（平成四）年八月まで三三カ月連続して下がり続け、下落率は六〇％を超えるのであった。半値をはるかに上回るのだから目も当てられないとはこのことだろう。

地価の下落は株式市場の崩壊からやや遅れて顕著になった。これは土地が株ほど容易《ようい》に取引できないことに起因している。

九〇（平成二）年三月の六大都市市街地価格指数を一〇〇とすると、バブル前の八五（昭和六十）年が三五・一、ピークの九〇年が一〇五・一でほぼピタリ三倍になる。

しかしその地価が九一（平成三）年後半から下落が始まり、この年の指数は九七・九となる。その後も地価は下げ止まらず、九五（平成七）年には五一・四となり、ピーク時の半値を割り込んだ。バブル経済の崩壊である。

バブル経済とは、資産の収益予想が水準をはるかに超えて上昇する経済現象、と定義できるだろう。ポイントは収益の「予想」である。

儲《もう》かるだろう、儲かるに違いない。この予想の繰り返しは、思惑が思惑を呼ぶ状態、欲が欲を呼ぶ現象にほかならない。これが社会全体で一挙に発生するとバブル経済がその姿を現わす。しかしある瞬間に社会全体が現実に気づくようだ。欲望が膨らみ過ぎた、と。そしてバブル経済は一気に崩壊する。

もっともバブル経済の発生は日本が初めてではない。一七世紀のオランダではチューリップ投機が発生したし、一八世紀のイギリスでは南海泡沫《ほうまつ》事件が起きている。南海会社の株式の大暴騰《ぼうとう》と大暴落《ぼうらく》では、あのアイザック・ニュートンも大損失をこうむっている。さらに一九世紀のアメリカでは鉄道への投機熱が大きなバブル経済を生み出した。

バブルとは「泡沫」のことだ。泡沫とは「うたかた」とも読む。はかなく消え去ることを意味する。日本のバブル経済は泡沫のようににわかに現われ、泡沫のようにはかなく消え去った。そして、一七世紀のオランダ、一八世紀のイギリス、一九世紀のアメリカ、いずれもその例外ではなかったのである。

宇野内閣そして海部内閣へ

バブル経済のピークから崩壊の真っただ中にある日本では、政治も崩壊状態にあった。

竹下がリクルート事件で退陣を表明したものの、リクルートの息がかかっている大物が多数いたため、適当な首相のなり手がいない。苦肉の策として担がれたのが、竹下内閣の外相で、リクルート事件との関わりもない宇野宗佑《うのそうすけ》である。

宇野は滋賀県出身で実家は竹下と同じく造り酒屋だ。学徒出陣でシベリア抑留《よくりゆう》を経験した苦労人である。滋賀県議会議員を経て、一九六〇（昭和三十五）年の衆議院総選挙で初当選している。首相の白羽の矢が立った当時は、中曽根派のナンバー2の地位にあった。

竹下が退陣表明をして一カ月以上も経った八九（平成元）年六月三日、まさにバブル崩壊の前夜に、ようやく竹下内閣は総辞職し、代わって宇野内閣が成立する。

しかしリクルート事件はセーフだった宇野ながら、別の問題が発覚した。女性スキャンダルである。宇野が囲おうとした神楽坂の芸妓《げいぎ》が、宇野との情実《じようじつ》を告発したのである。

同年七月、参議院選挙は自民党の惨敗に終わる。宇野は責任をとって辞任を表明し、八月十日、宇野内閣は総辞職する。宇野の首相在任期間は、わずか六九日だった。

後継の首相となったのが海部俊樹《かいふとしき》である。名古屋市出身で早稲田大学法学部を卒業する。竹下も早稲田出身で、ほかにも小渕恵三や森喜朗も稲門《とうもん》である。また、海部、小渕、森は早稲田大学雄弁会《ゆうべんかい》の先輩後輩にあたる。この雄弁会にはほかに、新自由クラブを結成した西岡武夫《にしおかたけお》やリクルート事件で逮捕された藤波孝生がいる。

それはともかく海部であるが、この人は「本籍三木派、現住所竹下派」と呼ばれ、国会内では竹下の言いなりだった、と二人の後輩である森が言っている。[70]

要するに、宇野にしろ海部にしろ、まだ首相を続けたかった竹下、そしてその派閥である経世会が、最大派閥が持つ「数の力」にものを言わせて、コントロールしやすい人物を据《す》えたと考えるのが妥当だろう。いわば竹下派による院政である。

政治改革をスローガンにした海部は、九〇（平成二）年二月の衆議院総選挙で、自民党の安定多数を獲得する。滑《すべ》り出しはまずまずだった。

しかしバブル経済はガラガラと崩壊する。そのような中、突如として大事件が勃発した。同年八月二日、イラク軍がクウェートに侵攻した。湾岸危機である。

湾岸戦争下のドタバタ劇

湾岸危機直後、海部政権はアメリカの要請もあり、石油の輸入禁止や経済協力の凍結など対イラク経済制裁の手を素早く打った。しかしその後の対応は後手また後手に回った感は否《いな》めない。

海部政権は同年十月、国連の平和維持活動に人道的協力を行なう国連平和維持活動（PKO）協力法案を提出する。しかし法案は翌月にあえなく廃案となる。

そうするうちに翌九一（平成三）年一月十七日、アメリカを中心にした約三〇カ国による多国籍軍が対イラク軍事行動を開始した。湾岸戦争の始まりである。

戦争勃発後、政府では湾岸協力基金を設立し、この基金に多国籍軍用として都合一一〇億ドルのほか合計一三〇億ドル（日本円換算で一兆二〇〇〇億円）もの資金を拠出する。財源は法人税やガソリン税の増税だった。

しかしこうした日本の経済協力にもかかわらず、世界からは「日本は金を出すだけで、自らの血を流さない卑怯な国」[71]という批判が出始めた。

これを決定づける事件が起きた。同年四月十一日、イラクが敗北を認め、国連が湾岸戦争の終結を公式に宣言した。この直後、クウェートはアメリカの新聞に、湾岸戦争に協力してくれた国々に対して感謝の広告を掲載した。しかしこの国々の中に、一一兆円を超える血税を投入した日本の名（国旗）が記されていなかったのである。

海部はクウェート大使を呼んで猛烈に抗議した。クウェートは謝罪し戦勝記念式典には日本も招待した。しかしもはや後の祭りである。

その間も、国連平和維持活動（ＰＫＯ）に対する人的支援の問題は議論されていた。停戦後の海上自衛隊によるペルシャ湾の機雷除去は、その具体的活動の一つと言えるだろう。また海部政権は、再び国連平和維持活動協力法案を同年九月に国会へ提出し、自衛隊による平和維持活動を可能にしようとした。

しかし海部は、政権がスローガンとした政治改革に関連する法案がのきなみ廃案になると、責任をとって辞任を表明する。

ＰＫＯ協力法案が通過するのは、社会党が牛歩《ぎゅうほ》戦術で廃案を画した九二（平成四）年六月のことで、すでに政権は宮沢喜一内閣に交代していた。バブル経済が崩壊する中、政治も崩壊現象を呈していたのである。

「数の力」による政権支配

宮沢は一九一九（大正八）年に生まれた。父親の裕《ゆたか》は広島県出身で池田勇人と古くからの交流があった。裕自身も広島三区から出馬して衆議院議員を務めている。

宮沢が東京大学法学部を卒業して、四二（昭和十七）年に大蔵省に入省したのも、池田が父親の裕に「息子さんを大蔵省に寄こせ」としきりに言っていたからだという。

宮沢が大平と並んで池田の片腕となった話はすでにふれた。五三（昭和二十八）年には参議院選挙で初当選し、宮沢は政界に進出する。

父親の裕が広島三区、池田勇人が広島二区、この二区と三区の地盤を利用すれば参議院議員に当選できるだろう、という池田の勧めがあっての出馬だった。

また、父親の裕が公職追放のため志《こころざし》半ばで政界を引退しており、立候補することが親孝行になるという宮沢の判断もあった。参議院議員を二期務めた宮沢は六七（昭和四十二）年に衆議院に鞍替《くらが》えしている。

池田内閣や佐藤内閣で経済企画庁長官を務めた宮沢は、その後も通産相、外相、蔵相と要職を歴任する。そして、九一（平成三）年十一月五日、海部の後を継いで首相に就任した。しかし宮沢の首相就任の背後には、やはり経世会（竹下派）の存在があった。

経世会はもともと竹下が会長を務めていたが、竹下の首相就任により金丸信が会長に就任する。竹下が首相を退陣しても会長は金丸のままだった。

また、金丸以外にも経世会には竹下派七奉行と呼ばれる実力者（小沢一郎《おざわいちろう》、奥田敬和《おくだけいわ》、小渕恵三、梶山静六《かじやませいろく》、橋本龍太郎《はしもとりゅうたろう》、羽田孜《はたつとむ》、渡部恒三《わたなべこうぞう》）がいた。

九一（平成三）年に自民党幹事長を務めていた小沢一郎が辞任すると、経世会の会長代行に就任する。そして、海部の後継首相を面接する、いわゆる「小沢面接」が行なわれて、同年十一月五日、宮沢が首相の椅子に座るのである。

派閥が持つ「数の力」による政権支配は、「闇将軍」「キングメーカー」と言われた田中角栄の十八番《おはこ》だった。田中派のお家芸とも言える数の力を、分派ながら実質的には田中派の直系と言える経世会、そして小沢一郎が受け継ぎ、次々と誕生したのが宇野内閣、海部内閣、宮沢内閣なのである。

ちなみに宮沢内閣の副総理大臣には竹下派会長金丸信が就任した。これで誰の政権なのかがわかるというものである。

宮沢喜一によるバブル経済の後始末

しかし世の中は皮肉なものである。バブル経済が始まった当時、蔵相としてその現場に立ち会った宮沢喜一が、今度は首相としてバブル経済の後始末をつけることになった。

後始末とは、宮沢が首相就任後、やがて表面化する不良債権の処理にほかならない。バブル経済の崩壊とともに、金融機関が貸し付けた大量の金が焦げついて返済不能に陥るのだった。その額は九三（平成五）年九月時点で、主要金融機関の合計が一二兆七〇〇〇億円を超える額になる。

もっとも金融機関が、「うちにはこれだけたくさんの不良債権がございます」などと公表するはずはない。全容は闇の中だ。

宮沢が不良債権（当時は「不良融資」と呼んでいた）の存在を自覚し始めたのは九二（平成四）年夏のことだった。宮沢は自民党のセミナーで「金融機関の不良債権について、場合によっては政府が公的な関与をすべきではないか」とほのめかした。

しかし銀行は公的支援など必要ないと拒否するし、経団連も反対である。背景にはやがて株価も地価も上昇に転じるという楽観論があった。

こうして早期の段階での不良債権処理は不発に終わる。宮沢は当時を回想してこう述べている。

あの時に何かやりようがあったかということを、これもあとになって聞かれるんですが、しかし考えてみると、それだけの状況が整っていないんです。私が気がついて問題を指摘はしているものの、そうだ、そうだと言って、みんなでやろうというようなことにはならないというのが実情でございました。[72]

確かに宮沢の言うとおりなのだろう。しかし、宮沢の発言はどこか他人事《ひとごと》のように聞こえないだろうか。

そもそも本当に経世済民を考えるならば、強力なリーダーシップで信念を貫き通すべきだった。宮沢にはその勇気も実行力もなかったように見える。

宮沢自身も、宏池会は公家集団と公言してはばからず、政策は立案できるが政局への対処はとんと弱いと言う。まさに宮沢の対応は押しの弱い公家流だった。その後の不良債権は拡大こそすれ減少することはなかった。この処理のために国の金、すなわち血税がその後ダラダラと使われる。

宮沢政権も長くはもたなかった。宮沢政権下では宏池会の阿部文男《あべふみお》が共和汚職事件で、また佐川急便事件では金丸信が逮捕された。このため一九九三（平成五）年六月の国会は佐川急便事件で大揺れになる。

野党側は内閣不信任案を提出し、これに羽田孜や小沢一郎などが同調したため、宮沢内閣は九三（平成五）年八月九日に退陣する。

結局政争にあけくれていた当時の政治を見るにつけ、宮沢喜一の知性と田中角栄の実行力を兼ね備えた人物が首相だったら、長期化する不良債権処理はもう少し違った展開になっていたに違いない、と思わざるを得ない。

以後、日本は、長い、長い、平成不況の時代へと突入する。

第8章 失われた二〇年とは何だったのか

細川護熙《ほそかわもりひろ》	一九九三年八月九日～九四年四月二十八日
羽田孜《はたつとむ》	一九九四年四月二十八日～六月三十日
村山富市《むらやまとみいち》	一九九四年六月三十日～九六年一月十一日
橋本龍太郎《はしもとりゅうたろう》	一九九六年一月十一日～九八年七月三十日
小渕恵三《おぶちけいぞう》	一九九八年七月三十日～二〇〇〇年四月五日
森喜朗《もりよしろう》	二〇〇〇年四月五日～〇一年四月二十六日
小泉純一郎《こいずみじゅんいちろう》	二〇〇一年四月二十六日～〇六年九月二十六日
安倍晋三《あべしんぞう》	二〇〇六年九月二十六日～〇七年九月二十六日
福田康夫《ふくだたけお》	二〇〇七年九月二十六日～〇八年九月二十四日
麻生太郎《あそうたろう》	二〇〇八年九月二十四日～〇九年九月十六日
鳩山由紀夫《はとやまゆきお》	二〇〇九年九月十六日～一〇年六月八日
菅直人《かんなおと》	二〇一〇年六月八日～一一年九月二日
野田佳彦《のだよしひこ》	二〇一一年九月二日～一二年十二月二十六日

タテ型組織とお殿様

社会学者中根千枝《なかねちえ》が約半世紀前に発表した著作『タテ社会の人間関係』（一九六七年、講談社現代新書）は、日本文化論の名著として今も読み継がれている。

中根は同書の中で日本の組織は「タテ型」[73]だと言う。これは師弟関係や親分子分のように、組織にトップが君臨してその下に部下、さらにその下に部下が従う、いわばトーナメント状の構造を持つ組織を指す。この組織の特徴はトップが絶大な力を有する点だ。トップの号令で組織は一糸《いっし》乱れず行動する。

一方、タテ型組織では、そのトーナメント状の構造から、トップでない者（たとえばナンバー2）も、その傘下に自分の子飼いを持つ。だからナンバー2は、組織全体を動かすのは難しいとしても、傘下の子分は容易に動かせる。

ところで、トップの下にナンバー2と目される実力者が数名いるとしよう。しかしその中でも、ある一名のナンバー2が一頭地を抜いているとする。では、このナンバー2が組織全体を動かすにはどうすればいいか。

方法はある、と中根は言う。トップを通じて自分の方針を組織全体に行き渡らせればよい。そうすれば自分の意思どおりに組織を動かせるだろう。組織内で本当に実力のあるナンバー2は、このような戦略を用いて組織を意《い》のままに動かす。

では、ある若き実力者が同様の戦略をとり続けようと考えたとしたら、どういう手法を採用するのが得策か。好ましいのは、組織からの信望があり押さえは利くけれど、実力は自分より劣る人物をトップに据えることだろう。このトップを御輿《みこし》に担げば、自分の意思通りに組織を動かせるに違いない。

以上を念頭に、すでに見てきた宇野内閣、海部内閣、宮沢内閣、さらにその後を継いだ細川護熙《ほそかわもりひろ》内閣以降を見ると、御輿に担がれた人物がいる一方で、御輿を担ぐ人たち（その代表が小沢一郎だろう）が入り乱れていたことがよくわかる。

宮沢政権に対する内閣不信任案に同調した小沢一郎、羽田孜ら竹下派でも金丸信に近い一派は、一九九三（平成五）年六月に自民党を割って出て新生党を結成する。

同年七月の衆議院総選挙では、自民党が過半数を大幅に割り込む一方で、細川護熙率いる日本新党が大躍進を果たした。

日本新党は新生党や新党さきがけと連立を組み、これに社会党や公明党など八党が参加して、九三（平成五）年八月九日に非自民連立内閣の細川内閣が成立する。八党が入り乱れて細川という御輿をかついだわけだ。ここに自社という保革を軸にした五五年体制が終結したのである。

首相になった細川は、旧熊本藩主細川家の第一八代当主である。朝日新聞記者を経て、参議院議員や熊本県知事を歴任し、九二（平成四）年に日本新党を結成した。三八（昭和十三）年生まれの細川は首相当時の年齢が五五歳である。その若々しさやお殿様らしいスマートな所作も手伝って、内閣成立直後は七〇％もの高い支持率を獲得した。

しかし八党もの政党が連立を組む政権がうまくいくとは考えにくい。自民党の口さがない人々はこの連立を「ヤマタノオロチ」と称したものである。しかしヤマタノオロチはやがてスサノオノミコトに成敗されるのだが——。

国民からは期待されたものの、細川政権は八カ月余りの短命に終わった。最初のつまずきは国民福祉税の導入を突然発表したことだろう。これは連立政権内からも反対の声が上がった。「殿、ご乱心」である。

これにとどめをさしたのが細川自身の佐川急便政治資金疑惑である。野党の追及に嫌気がさしたのか。細川は周囲が制止するのもよそに、九四（平成六）年四月八日に辞任を表明した。またしても「殿、ご乱心」と言うべきか。

同月二十五日に細川内閣は総辞職する。御輿に乗るのも鷹揚《おうよう》で、降りるのにも執着がない。良いか悪いかは別にして、あまりに淡泊《たんぱく》な細川の態度は、まさにお殿様にふさわしかった、と言えるように思う。

細川の辞任を聞いたモンデール駐日米大使は、「逆境にある者に祝福あれ」[74]というシェークスピアの箴言《しんげん》を贈ったという。

驚きの自社さ連立政権の誕生

細川の後任は細川内閣で副総理兼外相の羽田孜が継いだ。羽田は三五（昭和十）年に東京で生まれた。小田急バス企画室長を経て、自民党代議士だった父親の地盤を引き継ぎ、六九（昭和四十四）年に衆議院議員に初当選する。竹下派七奉行の一人として農水相や蔵相を歴任した。

しかし九四（平成六）年四月二十八日に成立した羽田内閣の命運はあまりにも短かっ

痛かった。そもそも連立政権から社会党が離脱し、少数与党での政権運営を余儀なくされたのがた。

その上、閣僚から「南京大虐殺はでっちあげ」発言が飛び出して、羽田はにっちもさっちもいかなくなる。社会党の連立を再度目論むも失敗し、羽田内閣は同年六月三十日に総辞職する。羽田の在職期間はわずか六四日にしか過ぎなかった。これは戦後最短だった東久邇宮稔彦の五四日よりも一〇日長いものの、宇野宗佑の六九日より五日、石橋湛山の六五日より一日短い、史上二番目の短期政権だった。

こうして一年もたたない間に二人の首相が就任と辞任を繰り返すとは、終戦直後の東久邇宮内閣と幣原内閣の再現である。

この異常事態の収拾に乗り出したのが、何と社会党の党首だった村山富市である。しかも自民党と連立を組んでである。これを新五五年体制と呼ぶのだろうか。

前にもふれたように村山富市は竹下登と同じく一九二四（大正十三）年に生まれた。しかし竹下が裕福な造り酒屋の家に生まれたのに対して、村山は大分の別府湾《べっぷ》に面した貧しい漁師の家に生まれている。

東京に出た村山は、印刷所に勤めながら夜学で勉強し、やがて明治大学の政治経済科に入学した。その後大分に戻り、大分市会議員、県会議員を経て、七二（昭和四十七）年に衆議院議員に初当選する。

九三（平成五）年、日本社会党の委員長に就任したその年の六月三十日、村山は首相として内閣を組閣する。自民党、新党さきがけとの三党連立政権だった。

長い眉毛《まゆげ》が特徴だった通称「トンちゃん」こと村山首相は、その温和な態度とは裏腹《うらはら》に世の中を驚かす発言を次々と行なった。

まず、首相就任早々、自衛隊は合憲《ごうけん》であり、日米安保条約は日本にとって不可欠だと宣言した。保革時代の社会党は自民党案に対案も示さず、とにかく「ダメなものはダメ」と反対していればよかった。

その社会党出身の村山が、とうとう吉田ドクトリンを認めたのである。この方針の大転換も東西冷戦終結の結果と言うべきか。

また戦後五〇年にあたる九五（平成七）年にはいわゆる「村山談話」を発表した。この談話で村山は、第二次大戦中に日本がアジア諸国で行なった、植民地支配と侵略を公式に認めて反省と謝罪をした。村山の朴訥《ぼくとつ》ながらも真摯《しんし》な態度は日本人の心をも大いに揺さぶり、日本と近隣諸国の関係改善に果たした役割はきわめて大きい。

経済の崩壊はいつまで続くのか

一方、村山政権時の社会に目を向けると、まさに未曾有の出来事が次々と発生している。

まず、一九九五（平成七）年一月十七日に発生した大地震である。のちに阪神・淡路大震災と名づけられるこの大災害は、死者六四三四人、行方不明者三人、全壊住家一〇万四九〇六軒、焼損棟数七五七四軒という惨事を引き起こした。

さらに同年三月二十日、東京営団地下鉄で有毒ガスが発生し、死者一三人、負傷者六〇〇〇人を超える事件となる。オウム真理教が引き起こした地下鉄サリン事件である。

予期せぬ大災害やテロ行為にあって、官邸の行動は必ずしも迅速《じんそく》ではなかった。たとえば大震災の際、官邸と被災地との通信手段は、有線はもちろん防災無線も全滅で、唯一鉄道電話が残っていただけだという。危機管理の甘さが露呈《ろてい》した格好だ。

景気は停滞する中、日本の安全神話も崩壊する。高齢の村山にとって一連の事件は心身を消耗《しょうもう》させる出来事だったろう。

九六（平成八）年一月五日、村山は辞任を突然表明する。そもそも村山が首相辞任を考えたのは、村山談話を発表した夏のことだった。心身の事情というよりも、社会党を解党して新党を結成する問題が大きかったという。[75]

同月十一日、村山内閣は総辞職して後を橋本龍太郎内閣に託《たく》した。非自民連立、自社さ連立を経て、再び自民党総裁が首相に就任したのである。

橋本は三七（昭和十二）年に、厚生大臣や文部大臣を務めた橋本龍伍《りょうご》の長男として生まれた。羽田孜と同じく最初はサラリーマンとして働いたのちに政界へ進出する。六三（昭和三十八）年、父親の地盤を継いで衆議院議員に初当選し、以後、厚生大臣や運輸大臣、大蔵大臣を歴任する。ポマードで固めたヘアスタイルは橋本のトレードマークである。

橋本は佐藤派・田中派・竹下派と有力派閥に属し、竹下派七奉行の一人に数えられた。もっとも同じ七奉行でも小沢一郎との仲が悪く、両者の争いは一龍《いちりゅう》戦争と呼ばれた。

ところで、村山内閣から橋本内閣にバトンタッチする間、日本の景気の足を大きく引っ張る事件が起きている。住専《じゆうせん》処理問題だ。

住専とは住宅専門金融会社の略語で、個人の住宅ローンを取り扱うノンバンクである。この住専が所有する不良債権が積み重なっていた。この不良債権を処理するために、国が六八五〇億円におよぶ公的資金を投入することを村山政権末期に決定し、橋本内閣時代に実行したのである。

降って湧《わ》いたような巨額な金の投入だ。しかしこれには相応の理由があった。住専には農林中金や農協からの金が流れていて、住専がパンクすると農協に預金している農業従事者に甚大な影響を及ぼす。つまり「農協への預金者である農民を守るために国が六八五〇億円を出した」[76]というのが真相だ。

こうして住専問題により、先に宮沢が提唱した公的資金の投入が本当に行なわれた。しかし、金融機関の不良債権はこの程度ではない。もっと膨大だった。世間がその事実を知るのは、やがて大手金融機関の破綻《はたん》が相次いでからのことである。

公的資金をじゃぶじゃぶ投入する

笑うに笑えない話がある。

ある日、経営不振に悩む社長が自社工場の視察に出掛けた。

工場の端で荷物を上にせっせと上げている従業員がいる。社長は彼らを指さして工場長に言った。

「あの人たちは一体何をしているのか」

「はい。あれは問題の棚上げでございます」

社長は腕組みをしたあと別の従業員を指さした。彼らは荷物をバケツリレー式で次々と前に運んでいる。

「では、あの人たちは何をしているのか」

「はい。あちらは問題の先送りでございます」

この会社がやがて倒産したのは言うまでもない。

当時の日本を蝕《むしば》んだ不良債権問題はこのブラックユーモアと相通じるものがある。

日本の景気はやがて良くなるだろう、地価や株価もバブル期の水準に持ち直すだろう。

こうして問題は棚上げされ、あるいは先送りされた。しかし根拠のないはかない望みは現実とならず、耐えきれなくなった企業が派手に倒れたのが一九九七（平成九）年十一月である。

三日、三洋証券破綻。

十七日、北海道拓殖銀行（拓銀）破綻。

二十四日、山一證券自主廃業。

さらに翌年九八（平成十）年になるとさらなる大型破綻が発生する。

十月、日本長期信用銀行（長銀）破綻・一時国有化。のちの新生銀行。

十二月、日本債券信用銀行（日債銀）破綻・一時国有化。のちのあおぞら銀行。

大蔵省は「大手銀行は一行たりともつぶさない」と豪語した。しかし拓銀の破綻でこのコミットメントはもろくも崩れ去った。

またその後に破綻する長銀といえば、都市銀行に比較して、少数精鋭の超エリートを選りすぐった集団である。その長銀でさえ破綻したのだから闇は深い。

とはいえ、国との関係が深い長銀、日債銀はのちに名称を変えてしぶとく生き残る。さすがは親方日の丸である。だから親方日の丸関連の組織に勤めたい人が、昔も今も後を絶たないのだろう。

橋本内閣では、預金の全額保護を打ち出して預金者の不安解消に懸命となった。取り付け騒ぎを防ぐためだ。また、金融ビッグバンに向けて規制緩和を行なうとともに、不良債権への公的資金の投入をますます膨《ふく》らませた。

結局、九八（平成十）年三月には一兆八〇〇〇億円、翌九九（平成十一）年三月には七兆五〇〇〇億円にも上る公的資金を金融機関に投入した。

一連の段取りに奔走したのが、早期に不良債権問題に気がついていたあの宮沢喜一である。結果論ながら、この一〇兆円に近い金は、問題の先送りをしたつけなのだろう。

小渕恵三首相の悶死《もんし》

九八（平成十）年七月、参議院選挙で自民党は大幅に議席を減らした。景気の停滞や金融不安が政権への不支持として現われた結果だろう。

実際、九六（平成八）年末の日経平均株価は、九四（平成六）年以来の一万九〇〇〇円

台を維持して一万九三六一円だった。これに対して、一九九七（平成九）年末が一万五二五八円、さらに九八（平成十）年末は一万三八四二円と、まさに石が坂を転げ落ちるように下落している。

そういえば、九八（平成十）年三月には、「転がる石」ことローリング・ストーンズが三度目の来日を果たし、東京ドームと大阪ドームで公演をして大盛況を博している。これは日本経済へのあてつけだったのか。

参議院選挙敗退の責任をとって、橋本内閣は九八（平成十）年七月三十日に総辞職し、後任の首相には外務大臣からの横滑りで小渕恵三が就いた。

小渕は昭和天皇が崩御した際に、竹下内閣で官房長官をしており、新元号である「平成」をテレビで発表した人物としては有名だった。だから「平成おじさん」とも呼ばれた。しかし総理候補としての一般の馴染《なじ》みは薄く、どうしても食べる気にならないほど魅力のない人物という意味で「冷めたピザ」[77]と揶揄されたものである。

橋本と同じ三七（昭和十二）年生まれの小渕は、群馬県出身で早稲田大学では雄弁会に所属していた。父親の地盤を継いで六三（昭和三十八）年に群馬三区から出馬して衆議院議員に初当選する。同選挙区には福田赳夫と中曽根康弘という巨頭がおり、「ビルの谷間のラーメン屋」と言われながらも、連続当選一二回を数えた苦労人である。

小渕にとっての懸案は参議院の議席数で与党と野党が逆転している、いわゆる「ねじれ現象」をいかに解消するかだ。

ときの官房長官だった野中広務《のなかひろむ》は、公明党と連携して事態を打開しようとする。すると公明側からは、昨日の敵が急には協力できないから、間に「座布団」を敷いてくれ、と言う。座布団とはクッションになるような別の政党のことだ。

そこで野中らは、当時、「新生党→新進党→自由党」と、次々に新党を作っては壊していた小沢一郎自由党党首との連携を模索《もさく》する。

このときに野中が官房長官としての会見で「小沢自由党党首をいままで悪魔と言ってきたけれど、悪魔にひれ伏してでも、この国の危機を救うために連立に参加していただきたい」[78]という有名な言葉を吐いたのである。

自自連立は九九（平成十一）年一月に成立し、同年十月には公明党も加わって自自公連立政権が出来上がる。以後、公明党は自民党に寄り添うようにして行動をともにして現在に至る。

小渕内閣は「経済再生」をスローガンに掲げた。先に述べた七兆五〇〇〇億円の公的資金を金融機関に投入したのはこの内閣でのことだ。

また、橋本政権からの懸案《けんあん》事項だった中央省庁改革関連法案が成立し、これにより中央省庁一府二二省は、二〇〇一(平成十三)年一月より一府一二省庁に整理・統合される。

このほかにも、情報公開法や国旗・国歌法、日米防衛協力指針関連法など、小渕は重要な法案を次々と成立させた。

しかし連立政権ではパートナーとの関係が常に問題となる。当初、小渕政権に協力的だった小沢自由党党首が、やがて小渕に難題をふっかけた。自由党と自民党を解体して一大連合を作ろうという提案である。呑まなければ連立を離脱すると言う。

小渕は大いに悩んだ。「イッちゃん」こと小沢とは竹下派七奉行として同じ釜の飯を食っている。しかし、自分の手で歴史ある自民党を解党することはできない。

二〇〇〇(平成十二)年四月一日夜、小渕は小沢と総理執務室で向き合った。さしでの会談である。その後、小渕は記者団とのぶら下がり会見で「これ以上、自由党との連立は困難となりました」[79]と表明した。

ところがその晩遅くに、小渕が公邸で倒れそのまま入院する事態となったのである。小渕は心臓が弱く心労がたたったといわれている。

同年五月十四日、小渕恵三は歿する。いまや総理執務室で小沢との間にどのような話があったのかはわからない。

しかし小渕は毎日欠かさず日誌をつけていた。夜遅くても日誌を書かずに寝ることはなかったという。死後二〇年余り経ってから世に出た『佐藤榮作日記』（一九九七〜九九年、朝日新聞社）の例もある。「小渕日誌」もいつの日か日の目を見て、当時の小渕・小沢会談の内容が明らかになるかもしれない。

メディアに嫌われた森喜朗

小渕恵三の後を継いで首相の椅子に座ったのが森喜朗である。森は石川県能美《のみ》郡根上《ねあがり》町で町長を務める森茂喜《しげき》の長男として一九三七（昭和十二）年に生まれた。橋本や小渕と同じ歳である。早稲田大学に入学して雄弁会に入り、小渕とはそれ以来の付き合いである。

日本工業新聞記者を経て、六九（昭和四十四）年に衆議院議員に無所属で初当選する。すぐに自民党所属となり派閥は福田派に所属した。やがて清和会《せいわ》（福田派）四天王の一人に数えられるようになる。

この森の後を継いで首相になるのが同じ清和会の小泉純一郎なのだが、森と小泉に対するメディアの対応はまさに対照的だった。メディア受けする小泉、それに対してメディアから徹底的に嫌われたのが森である。

森がこれほどメディアから嫌われた理由はよくわからない。ただし小渕内閣時代の失言はその要因の一つのようだ。

小渕は沖縄にサミットを誘致し、その成功に力を注いでいた。ところがこの沖縄サミットが決まったとき、自民党幹事長だった森が「沖縄には『赤旗《あかはた》』のほかに、『赤旗』と同じ新聞・テレビが四社あるから、サミットをやるのは大変だ」[80]と発言した。これに地元のメディアが激怒したという出来事が起こっている。

メディアは森の首相就任直後から手厳しい報道を開始した。まず、森の就任について

「五人組による密室の談合政治」と報じた。

事情はこうだ。[81] 小渕入院の情報が駆け巡った四月二日、連立を離脱する自由党分断対策の党五役会議が組まれていた。この会議の最中に小渕の復帰は不可能とわかる。首相不在は避けねばならないので、参議院議員会長村上正邦《むらかみまさくに》が「幹事長を二回もやってきたお前がやるよりしょうがないじゃないか」と森を推《お》したところ、「正規の手続きを踏んで、俺にやれということなら、やらせてもらう」と森が返事したのである。

森は両院議員総会で正式に総裁に担がれ、四月五日に森内閣が成立する。これをメディアは「五人組」「密室の談合政治」と大々的に報じたのである。

これ以外にも「神の国発言」や「無党派層は投票に行かず寝ていてほしい発言」、さらに極めつけは「えひめ丸事故」の際のゴルフなど、メディアは事実の一点のみをことさら強調して森を叩いた。メディアの論調に国民も乗っていたから、森としては非常に仕事がしづらかっただろう。

その森の仕事だが、首相の座にあったのが就任翌年の二〇〇一（平成十三）年四月二十六日までのほぼ一年と短期だったため大きな実績は残せていない。加藤紘一による反乱

（「加藤の乱」）で自民党内部から足を引っ張られたのも痛かった。

政権末期は、森不人気ばかりか、閣僚の女性問題や政治資金疑惑などもあって、内閣支持率は六・五％にまで落ち込むに至った。

そのような中で、二〇〇〇（平成十二）年七月二十一日から二十三日の沖縄サミットの成功は、森にとって亡き小渕恵三への最大のはなむけになっただろう。

また森は、日本のインターネットの生みの親とも言える村井《むらい》純《じゅん》慶大教授らをブレーンに招き、ＩＴ戦略本部を設置して、五年以内にＩＴ先進国となることを目指した「ｅ―Ｊａｐａｎ戦略」を策定している。

現在ではインターネット接続にブロードバンドを使うのは当たり前だ。しかし当時はインフラの未整備もありブロードバンド加入世帯は五〇万世帯程度に過ぎない。ｅ―Ｊａｐａｎ戦略ではこれを五年後に三〇〇〇万世帯にまで引き上げようという構想だった。

その後の日本では、ブロードバンドの整備が急速に進み、新しいビジネスを多数生み出した。森は「ＩＴ」のことを「イットト」と言ったと噂されていたが、日本社会のブロードバンド化に果たした功績は意外に大きかったように思う。

「変人」が政権を取る

森の後継を選ぶ総裁選では、麻生太郎、亀井静香《かめいしずか》、小泉純一郎、橋本龍太郎が立候補した。小泉は地方票で一二三票という圧倒的票数を獲得（二位の橋本は一五票）して自民党総裁となり、〇一（平成十三）年四月二十六日に首相に指名される。

森の轍《てつ》を踏むまいと思ったかどうかは知らないが、後継首相に就任した小泉純一郎はメディアと良好な関係を築いた。そのためもあるのだろうか。政権発足時の内閣支持率は異常な高さで八〇％（不支持率八％）という驚くべき結果となった。

当時の日本経済はバブルの崩壊が始まって、ほぼ一〇年である。不良債権処理が長引く中、一時はインターネット・バブルが生じたものの、日本経済全体を押し上げることにはならなかった。世に言う「失われた一〇年」である。

強い閉塞感の中で、何事もワンフレーズでズバリと言い切る小泉に「この男なら何かをやってくれる」という、世間の淡い期待が集まったのではないか。

小泉純一郎は、一九四二（昭和十七）年に、防衛庁長官を務めた小泉純也《じゅんや》の長男として神奈川県横須賀《よこすか》市に生まれた。祖父の小泉又次郎《またじろう》は、戦前に横須賀市長や逓信《ていしん》大臣を務めた人物で、全身に彫り物を入れているという噂があり「いれずみ大臣」の異名をとった。

小泉は慶應義塾大学さらにロンドン大学で学び、七二（昭和四十七）年に衆議院議員に初当選する。福田派に属し郵政大臣のほか厚生大臣を長く務めた。派閥の総裁でもないのに九五（平成七）年と九八（平成十）年の総裁選に出馬して二度とも敗れている。小泉が「変人」と呼ばれる一つの所以《ゆえん》である。

ちなみに、最初の総裁選は橋本龍太郎との争いだったので、三度目の総裁選立候補でそのときの借りを返した格好になった。

首相就任から半年も経たない九月十一日、ニューヨークの世界貿易センタービルやワシントンD・Cのアメリカ国防総省に、ハイジャックされた民間飛行機が突入する未曾有のテロ事件が発生した。アメリカ同時多発テロである。

小泉は即座にテロと対決することを表明し、テロを主導したタリバンに対する米英軍の軍事行動を支持した。また、テロ対策特別措置法を成立させ、この法律に基づいて海上自衛隊がインド洋でテロ対策に従事している艦船への給油を行なった。小泉の素早い動きは、ジョージ・ブッシュ米大統領と良好な関係を築くのに大いに役立ったと言える。

　また、二〇〇二（平成十四）年九月十七日には小泉自身が北朝鮮を電撃訪問し、金正《キムジョン》日《イル》総書記との会談を行なった。この会談で北朝鮮による日本人拉致が明らかとなり、やがて五人の拉致被害者やその家族の帰国が実現する。

　小泉の北朝鮮訪問前には、田中眞紀子《たなかまきこ》外相の更迭のほか、鈴木宗男《すずきむねお》や加藤紘一、井上《いのうえ》裕《ゆたか》ら自民党議員による金にまつわるスキャンダルが浮上し、政権に大きなダメージを与えていた。しかし小泉は手にした外交成果により、これらの問題を帳消しにした格好だ。小泉内閣は長期政権へとはずみがつく。

　結果、小泉は〇六（平成十八）年九月二十六日に退陣するまで、約五年五カ月の長期政権を維持した。これは戦後の首相では、佐藤栄作、吉田茂に次いで三番目に長い通算在職期間となる。

小泉改革とは何だったのか

「派閥政治を打破する」「構造改革なくして景気回復なし」「構造改革に反対するなら自民

党をぶっ壊す」。いずれも小泉が国民に語った言葉である。

では、いわゆる「小泉改革」は小泉の言葉どおりになったのか。そもそも、小泉改革とは何だったのか。

一言で言うならば、それは一九七〇年代初頭に田中角栄が方向づけた路線、本書で言う「田中七〇年体制」の打破を目指したものだったように思う。

日本は吉田ドクトリンのもと、軽武装・経済重視の方針で国家の復興をはかった。池田勇人の国民所得倍増計画は、吉田が定めた方向に進む日本という自動車に燃料を供給する役目を果たし、日本が高度経済成長を達成する原動力となった。

そもそも社会資本が未整備な社会において、高速道路や新幹線を整備すれば、人や物の流れが促進されて経済発展に大いに寄与するだろう。これが池田政権の時代だった。

しかし社会資本が徐々に整備され、社会が成熟するにしたがって、従来一単位のカネを投資すれば一〇単位のメリットを得られたものが、八や五さらにはそれ以下に下がる。

つまり投資一単位当たりの利得はだんだん目減りする。一杯目のビールは旨いが、二杯目、三杯目になるほど、それほどでもなくなるのと理屈は同じだ。

この原理原則に目をつぶり、持続的な右肩上がりの経済成長を前提にして打ち出したのが、田中角栄の日本列島改造論、それに「福祉元年」と呼ばれた高福祉政策だった。「国土の均衡ある発展」を目指す日本列島改造では公共事業を連発して国は道を造るし箱物を作る。また、不景気になれば経済対策として公共事業の予算を組む。しかし右で記したように社会資本が充実すればするほど効果は頭打ちになる。恩恵《おんけい》を得られるのは国から事業を請け負う業者が中心となろう。

一単位の投資に対して、一単位を上回る経済効果を発揮できてこそ経済対策に意味がある。仮に一単位を下回る経済効果しか生まないとしたら、そのマイナス分は国が事業を請け負った企業に対して「補助金」または「失業手当」を支給しているのと何ら変わらない。こんなことを続けていたら国が赤字になるのも仕方がない。

また、高福祉は誠に結構なことである。しかしこちらも財源があっての話である。選挙で票を獲得するための材料に利用すべきものではない。かといって、いまさらこの看板を下ろせば、「弱い者いじめ」という社会からの集中砲火《しゅうちゅうほうか》は免れぬだろう。

公共事業という「補助金」にぶらさがる大中小企業から、さらにはもらうことが当然と錯覚してしまった個人、また働くならば生活が安定する公務員というように、日本はどこか妙な国になってしまった。

日本は社会主義国家ではないし、計画経済の国でもない。しかし右のような状況を見るにつけ、資本主義国家としてはかなり左寄りの国のようだ。そしてこの方向を決定づけたのが、意外にも資本主義の強固な遵奉者に見える田中角栄だったように思う。

この状況を何とか一変させようとしたのが小泉改革なのだろう。田中角栄が自民党を象徴するとしたら、「自民党をぶっ壊す」とは「田中角栄が決定づけた国家体制をぶっ壊す」と言い換えられるわけだ。これは左に寄った国の在り方を、中央方向に引き戻す努力だったと言える。

では、小泉改革の結果はどうだったか。

二〇〇二(平成十四)年度の予算では、公共投資関連を前年度よりも一〇%削減し、また社会保障関連も当初予想よりも三〇%減に抑えるなどで、国債発行額を公約にしていた三〇兆円以下に抑制することに成功した。また「郵政民営化」「道路公団民営化」でも一定の効果を上げた。

しかしその後、デフレ脱却のために国債発行額は上昇に転じた。また、郵政も道路公団も本当に民営化されたのか、はなはだ疑問が残る結果になってしまった。

たぶん小泉は、田中が決定づけた「田中七〇年体制」をぶっ壊すことはできなかったのだろう。時計の針を一〇時から一一時あたりに戻そうとしただけで、「行き過ぎた新自由主義者」とか「弱者いじめ」などと評価されたように見える。しかしその蛮勇《ばんゆう》は褒《ほ》められこそすれ、けっして貶《おとし》められるものではないように思う。

経済低迷で政治も大混乱

小泉が政権を担当した〇一（平成十三）年から〇六（平成十八）年の日経平均年末終値を見ると、〇一年が一万五四二円、〇二年が八五七八円と下がる一方だった。ただ、〇二年を底に上昇し、〇三年が一万六七六円、〇四年が一万一四八八円、〇五年が一万六一一一円、〇六年に至っては一万七二二五円と、〇二年に比べて倍の水準になっている。

また同時期の経済成長率を見ると、〇一年度と〇二年度がそれぞれ▲一・八%、▲〇・七%とマイナス成長となった。小泉自身は「二～三年の低成長は甘受《かんじゅ》」と宣言していたものの、厳しい数字である。その後は〇・二%~〇・八%とわずかながらのプラス成長に転じている。

株価や経済成長率の上昇が小泉改革のお陰とは一概《いちがい》に言えないと思うが、いずれにしろ小泉を継いで二〇〇六（平成十八）年九月二十六日に首相の座に就いた安倍晋三にとって、上向きの日本経済はけっして悪い要因ではなかった。

安倍晋三は、竹下登や宮沢喜一と首相の座を争った安倍晋太郎を父に持つ。晋太郎の妻は岸信介の娘洋子《ようこ》である。だから安倍晋三は岸信介の孫になる。

神戸製鋼でサラリーマン生活をしたあと、父晋太郎の秘書になり、一九九三（平成五）年に晋太郎の地盤を継いで衆議院議員に初当選する。清和会（福田派）に所属し、小泉内閣時代には官房長官として顔を売った。初当選からわずか一三年で首相の座に就いた安倍は、五四（昭和二十九）年九月二十一日生まれだから、首相就任当時五二歳になる直前だ。初の戦後生まれの首相である。

タカ派のプリンスと言われた安倍は、就任直後こそ中国と韓国を歴訪して、小泉政権で冷え切った両国との関係を修復して得点を上げた。しかしそのあとは振るわない。体調不良と内閣支持率の低下、それに〇七（平成十九）年七月の参議院選挙で大敗を喫し、同年九月二十六日に丸一年で内閣は総辞職する。

安倍の短期政権を皮切りに首相は目まぐるしく交代した。一二（平成二十四）年十二月までの六年間で六人の首相が交代するのだから、AKB恒例の総選挙ではあるまいし、これはもはや異常としか言いようがない。

安倍晋三、福田康夫《ふくだやすお》、麻生太郎、鳩山由紀夫《はとやまゆきお》、菅直人《かんなおと》、野田佳彦《のだよしひこ》の六人である。ファミレスの店長でもこんな頻繁に交代するのは希《まれ》ではないか。名前をとても覚えきれない、という人は「アベフクタロウハトカンダ」と記憶するのがよい。

興味深いのは、この政治的な大混乱、大混迷の連続が〇七年以降の日本経済の落ち込みと歩調を合わせている点だ。この〇七年、アメリカでサブプライム・ローン問題が浮上し、その後リーマン・ショックが起こるのである。

サブプライム・ローンはアメリカにおける住宅ローンの一種で、一般的な住宅ローン借入者に比べて所得が少なく、信用が低い人を対象にしていた。〇七年の住宅価格の急落で、これらの借入者の支払いが不能になったのである。

これにより住宅関連の金融機関が破綻や国の管理となり、さらに投資銀行リーマン・ブラザーズが破綻する。リーマン・ショックである。

サブプライム・ローン債務不履行を震源とする金融恐慌は世界経済にも甚大な影響を及ぼした。これは日本も例外ではない。

二〇〇七(平成十九)年末の日経平均株価は一万五三〇七円だった。しかしリーマン・ショックが起こった〇八(平成二十)年末には八八五九円、さらに〇九(平成二十一)年二月に至っては七五六六円と、まさに急降下である。

自民党政権の末期状態

株価大暴落の際に政権を担当していたのが自民党の福田康夫、そして麻生太郎である。福田康夫内閣は〇七(平成十九)年九月二十六日に成立した。福田は福田赳夫元首相の長男で親子二代が首相の座に就くのは憲政史上初めてのことである。

森内閣や小泉内閣で官房長官を長く務め、温和で低姿勢な振る舞いの福田に好感を持つ人は多かったに違いない。ただ、民主党小沢一郎代表との間に行なわれた大連立構想の頓《とん》挫《ざ》や問責決議の可決など冴えない話題ばかりが先行した。

〇八（平成二十）年九月一日に突然辞任を表明した福田は、同年九月二十四日に辞職し、麻生太郎内閣が成立した。

麻生太郎は、代議士だった麻生太賀吉と和子の長男として生まれる。曾祖父の麻生太吉《たきち》は筑豊《ちくほう》炭田の石炭王として「筑豊御三家」の一人に数えられた人物だ。

麻生家は筑豊を基盤に電力や鉄道、セメントなど多様な事業に手を広げた。麻生太郎はその御曹司である。また、母親の和子は吉田茂の娘で、麻生が吉田の孫にあたることはすでに述べた。

麻生は自民党総裁選に四回出馬しており、今回がようやく手に入れた首相の座である。しかし就任のタイミングがあまりにも悪かった。同月十五日に先にふれた米投資銀行リーマン・ブラザーズが破綻したのである。

当初、日本への影響は軽微と見られていた。しかしジャパン・マネーがアメリカの地価上昇の一因となっていたこともあり、すでに見たように日本の株価は大暴落する。

日銀は同年十二月に公定歩合を〇・五％から〇・三％に引き下げた。しかし、市場に貨幣は流通せず、翌〇九（平成二十一）年の消費者物価指数は年初よりマイナスとなりこれが以後二五カ月続く。前年に小康状態となったデフレーションが再び顕著になり、日本は「流動性の罠《わな》」（金利が極端に低くなっても市場に貨幣が流通しない状態）に陥った。

麻生内閣は定額給付金や高速道路料金の引き下げなど、九〇兆円にも及ぶ経済対策によりデフレ脱却、景気向上を必死に模索する。しかし見るべき効果も得られず、いっこうに明るさを取り戻さない日本経済に、国民の不満は募りに募る。

麻生内閣は政権への民意を問うために衆議院解散総選挙に打って出た。この八月三十日の総選挙で「政権交代」を掲げて対抗したのが民主党である。

振り返ると当時の日本はこの総選挙で、政権交代をすれば景気が回復する、と確たる根拠もなく錯覚して、一斉に民主党に流れた感がある。それはちょうど、六〇年の「安保反対」と同様、「根拠なき熱狂」だったのかもしれない。

この熱狂は選挙の結果が如実に物語っている。民主党は比例区で二九八四万票余りという驚異的な票を集め、獲得議席数は三〇八と安定多数を大幅に上回ったのである。

政権は交代したけれど

新たに政権を担当したのは民主党党首の鳩山由紀夫で、二〇〇九（平成二十一）年九月十六日に鳩山内閣を組閣する。

鳩山はあの吉田茂の宿敵だった鳩山一郎の孫にあたる。一九八六（昭和六十一）年に衆議院議員に初当選し田中派に所属した。

その後、竹下派に所属するも、九三（平成五）年に自民党を離党して、武村正義《たけむらまさよし》らと新党さきがけを結党する。やがて民主党の代表となり首相の座を射止《いと》めるのである。

民主党がどんな政治をするのか国民は大いに期待した。その証拠に組閣当時の内閣支持率は七〇％以上ときわめて高い。しかし期待はすぐに裏切られた。

そもそも民主党が掲げたマニフェストは実現が困難なものばかりであった。まず予算だが、民主党が予算を組むと自民党時代に比べて大幅削減できると宣言した。その額、四年間で一六兆円から一七兆円という触れ込みだった。

その一方で高速道路の無料化や高校の授業無料化、さらには子ども手当など、予算を削減する一方で国民向けのバラマキを実行しようというのである。

結果はどうか。マニフェストは実現できず、予算の削減もほとんどできずで終わってしまった。それはそうだろう。

さらに極めつけは沖縄普天間《ふてんま》基地問題である。鳩山は普天間基地の県外移設を宣言したのであるが、これも言うだけで実行できず。まさに無策無能ぶりをさらけ出す始末だ。

鳩山内閣は二〇一〇（平成二十二）年六月八日に退陣した。後継の首相は、意気消沈する民主党内で間隙をぬうようにして党首になった菅直人である。

菅は「歴史に名を残すため」に、「仮免許」にもかかわらず首相に名乗り出た人である。学級委員長の選挙ではあるまいし、自ら首相仮免許と宣言するいわば「シロート首相」にいったい何の期待がもてよう。国民も呆《あき》れ果てたものだ。

しかも天は残酷で、このシロート首相が在任していた一一（平成二十三）年三月十一日に東日本大震災が発生するのである。またしても日本経済の復活は遠のいてしまった。

まさか首相在任最長記録を目指したのではないと思うが、国民の不満をよそにぐずぐず首相に居座った菅は、一一（平成二十三）年八月二十六日にようやく退陣を表明する。そして同年九月二日に野田佳彦内閣が成立する。

歴代の首相の中で野田のプロフィールが特異なのは、松下政経塾《まつしたせいけいじゅく》の第一期生として政界に打って出て、首相にまで上り詰めた点だろう。

松下政経塾は松下幸之助《こうのすけ》が一九七九（昭和五十四）年に設立した未来のリーダーを育成するための私設機関である。すでに国会議員をはじめ多くの政治家のほか経営者や大学教員を輩出している。

野田が首相に就いた直後の十月、円は史上最高値である七五円三二銭をつける。株価は低迷し、日本経済は喘《あえ》ぎに喘いでいた。

そのような中で野田政権が民主党政権として面目を施《ほどこ》したのは、景気が回復しない中での消費税の増税ではないか。

しかし一二（平成二十四）年十二月十六日、衆議院総選挙に挑んだ野田政権は、獲得議席数五七（自民党二九四議席）という大敗を喫す。

三人続いた民主党政権下の日経平均株価は一〇（平成二十二）年が一万二二八円、一一（平成二十三）年が八四五五円、一二（平成二十四）年が一万三九五円と低迷したままだった。

また、二〇一二（平成二十四）年度の国内総生産は四七四兆四七四九億円で、これは二一年前の一九九一（平成三）年度の四七二兆二六一四億円に比べて二兆円程度多く、また二〇年前の九二（平成四）年度の四八三兆八三七五億円より九兆円余り下回る。

さらに国の借金である国債残高はどうか。一二（平成二十四）年度末の国債残高は七〇五兆円で、うち一般会計の赤字を補ういわゆる赤字国債（特例公債）は四四五億円で国債全体の六三％を占める。

これに対して二〇年前の九二（平成四）年度末の国債残高は一七八兆円である。経済の規模は二〇年前と変わらないのに、借金はほぼ四倍に増えた格好である。

二〇年間、社会が閉塞感《へいそく》に包まれる中で必死になって働いてきた。そろそろ定年を目前にして年収を確かめてみる。額面は二〇年前と変わらない。いや、むしろわずかに減っている。ところが借金だけは四倍に増えていた――。

中国人観光客が爆買いするのを横目に、茫然自失《ぼうぜんじしつ》して泣くに泣けないオジサンが、この日本の姿なのだろう。まさに「失われた二〇年」である。

かくも過酷《かこく》な失われた二〇年とは我々にとって一体何だったのだろう。

安倍晋三　二〇一二年十二月二十六日〜

最終章　日本はどこに向かうのか

アベノミクスと三本の矢

二〇一二(平成二十四)年十二月十六日、民主党から政権を奪取した自民党は、総裁の安倍晋三が再び首相の椅子に座る。戦後の憲政史上で一旦首相を辞職したあと再就任するのは、吉田茂に続いて安倍晋三が二人目となる。過去に福田赳夫や橋本龍太郎が目指したけれど叶わなかった再就任である。

新政権の課題として安倍が掲げたのがデフレの退治である。安倍は日銀総裁に就任した黒田東彦《くろだはるひこ》と一致協力して未曾有の金融緩和を実行する。

これは黒田自らが「異次元緩和」と命名したもので、年二%のインフレ・ターゲティング(物価上昇目標)を設定し、日銀が国債を購入して世の中に流通する貨幣の量を二倍にすることを目標にした。

また、一〇兆円規模の経済対策を実施して需要を喚起《かんき》するとともに、規制緩和を進めて民間投資を促すことを目指した。これにより国内総生産三%という持続的な経済成長を目標に設定した。

このように金融緩和、財政政策、民間投資の喚起を総合した経済対策を「アベノミクス」と呼ぶ。また、これら三つの施策は「三本の矢」と命名された。

一本目の矢である金融緩和は株価の上昇として目に見える効果を発揮した。安倍政権が成立した直後の日経平均株価は九八二八円だったが、一五（平成二十七）年七月十四日の終値は二万三八五円と、一五年ぶりに回復した二万円台を維持している。

また、二本目の矢の効果もあったのか、企業の業績も好調で税収が大きく伸びる結果となった。一四（平成二十六）年四月から一五（平成二十七）年三月までの税収は前年同期比よりも一二・三％というきわめて高い伸びとなった。

一四（平成二十六）年度全体の税収は五二兆円（見込み）となり、リーマン・ショック以前の水準へとようやく回復した。

一四（平成二十六）年十二月十四日、安倍政権はアベノミクスに対する民意を問う衆議院総選挙を行ない、自民党は二九一議席（前回より三議席減）を獲得して圧倒的過半数を制している。

安倍政権の勝利は経済政策が支持されたのが大きな要因だろう。短期で終わるという大方の予想に反して安倍政権が成立してすでに二年半が過ぎている。

もっとも国の借金には手つかずなのが現状だ。繰り返しになるが、一四（平成二十六）年度末の国債残高は七八〇兆円と、二年前よりも七五兆円積み上がる見込みだ。国の税収が五〇兆円だとすると、現在の国債残高は一五・六年分という立ちくらみしそうな額である。企業ならば倒産、個人ならば自己破産のレベルだ。仮に経済環境の好転を維持できれば、今度は財政改革が安倍政権の大きな課題となるのは必至だろう。

集団的自衛権と日米ガイドラインの改定

日本経済に明るい兆しがさす中、安倍政権はＴＰＰ（環太平洋戦略的経済連携協定）への参加を表明し、日本の新たな貿易環境の構築を目指している。

さらに、安全保障問題にも積極的に取り組んでいるのも安倍政権の特徴だ。「集団的自衛権の行使」および「日米防衛協力のための指針（ガイドライン）」の改定はその象徴の一つである。

わかったようでわからない言葉である集団的自衛権とは、友好国が戦闘を始めた際、その友好国側に立って戦闘に加われる権利を指す。仮に自国に危害が加えられていないとしてもである。そのため「友好国を防衛するための権利」のように考えるとわかりやすいだろう。自衛隊による集団的自衛権の行使容認は、一四（平成二十六）年七月の閣議で決定され、ガイドラインとの関連も大きく、現在国会での討議が続いている。

ガイドラインとは、岸信介が首相時に改正した日米安全保障条約に基づいて、日米の防衛協力の方向性と枠組みを示したものである。一九七八（昭和五十三）年に成立し、九七（平成九）年に一度改定している。

従来のガイドラインではソ連や北朝鮮を念頭に置いた対応が基本になっていた。今回の改定ではイスラム過激派や中国を念頭に、日米が世界で安全保障協力を行なうことを眼目にしている。

そもそもこの改定は安倍内閣が成立した直後から、日本側がアメリカに提案していたものだ。しかしアメリカは中国との関係悪化を考慮して改定には消極的だった。そのアメリカの背中を押したのが中国の目に余る行為である。南シナ海のあちこちで人工島を造成し、また日本の空海域で危険行為を繰り返す。

ただアジアの安定を日米だけで維持するのは困難だから、東南アジアやオーストラリアにも安保綱を拡大する必要がある。そのためには、日本周辺以外でも米軍に協力し、また集団的自衛権に基づいて米軍とともに反撃できるようにしなければならない。

これらの改定などを盛り込んだのが今回のガイドライン改定である。尖閣諸島《せんかくしょとう》の防衛や米軍普天間飛行場の辺野古《へのこ》移転が唯一の解答と、明確に盛り込んだのも大きな特徴である。

安倍は二〇一五（平成二十七）年四月二十七日にアメリカへと発《た》ち、翌二十八日には日米政府がガイドライン改定の合意に達した。

また首脳会談に先立ちバラク・オバマ大統領はこう言ったという。

「この訪問には歴史的意義もある。アイゼンハワー大統領は一九六〇年、安倍総理の祖父の岸信介元首相をホワイトハウスに迎えた。安全保障条約に調印し、今日まで続いている」[82]

尊敬する祖父に言及され、安倍も感激がひとしおだったに違いない。

その岸を意識したのかどうかは知らないが、ガイドラインの改定内容を国会や国民に示さずに、いきなり米国で合意する強引な手法をとった。これは岸の安保改定時の強引な手法を思い出す。

集団的自衛権も含め、ガイドラインの根拠となる安全保障関連法案の制定は安倍が帰国後の同年五月から始まった。よもや六〇年安保闘争の再現はないと思うが、この点でも岸信介の姿が頭をよぎる。

吉田ドクトリンを越えて

振り返ると、日本は一九四六（昭和二十一）年に新憲法を公布し、戦争および戦力の放棄を掲げた。また、サンフランシスコ平和条約を締結して独立し、続いて日米安全保障条約に調印したのは五一（昭和二十六）年九月八日のことである。

以来日本は、日米安保のもとで軽軍備を実現しつつ経済発展に邁進して戦後の日本を建て直した。

この「軍事的為無為」の道を本書では「吉田ドクトリン」と呼んできた。

この吉田ドクトリンは、岸信介による日米安全保障条約改定やガイドラインの作成があったものの、いまだ基本路線に変わりがない。この日米安保と経済発展という両輪で、日本は現在の国を作ったと言っても過言ではないだろう。

そして、戦後のいずれの首相もこの吉田ドクトリンを越える国家の方針を打ち出し得ていない。歴代首相が策定した施策は、すべて吉田ドクトリンの翼下《よくか》で成立し推進されてきたものだとさえ言える。

このような意味からすると、戦後の歴代首相を代表するのは吉田茂の右に出る者はいなかった。こう言ってもよいと思う。賛否はあろうが、吉田が選択した吉田ドクトリンは積極的に評価されるべきものだと思う。

今後も日本にとって最も理想的なのは、吉田ドクトリンが敷いた軽武装の下で、海外において武力行使をせず、ひたすら経済活動に努めることだろう。

もっとも状況は変化している。中国や北朝鮮の軍事的脅威が高まる中、安全保障を丸投げではないにしろ、その多くをアメリカに頼っていてよいのか、という議論が生まれるのは自然のことだ。

またアメリカとしても、一国で「世界の警察」を任ずるには自《おの》ずと限界がある。日本も応分の努力をしてほしいと考えるだろう。この要請を極力断ったのが吉田にほかならないわけだ。しかし、果たして現在の日本が、今でもこの流儀《りゅうぎ》を貫き通すことが可能なのか、という問題が残る。

加えて、景気は低迷しているとはいえいまだ日本は世界屈指の大国だ。その国が世界で紛争が生じたときに、単に経済的な支援のみで許されるのか、という問題もある。

イラクによるクウェート侵攻で日本が舐《な》めた辛酸《しんさん》からも、世界を揺るがす一大事が発生した際に、血を流すのはともかく、大国として少なくとも世界の人々と一緒になって汗をかく必要はあるだろう。

以上のような状況の変化に対応しようとしているのが、現在の安倍政権なのだろう。ただ、自衛隊の海外派遣や活用は、憲法問題とも関わるきわめてセンシティブな問題である。一内閣だけでなく国全体を巻き込んだ議論が不可欠だ。

その際にたとえば改憲について「絶対反対」を唱える人と「絶対賛成」を唱える人が出てこよう。声が大きいのも、この「絶対」を叫ぶ人たちだろう。

しかし「絶対これしかない」という態度は、潜在的なものも含めて選択肢を除外する手法だから、そういう意味で思考停止に陥っていることを示す。

思考停止に陥れば自己主張一点張りで押し通せばいいのだから、これほど楽なことはない。そうではなくて、絶対反対の道でもない、絶対賛成の道でもない、その両者が納得できる、いわば「第三の道」を見つけ出すことを前提にして、互いに智恵を出し合うことを目標にすべきなのだろう。その役割を担うのが、絶対的多数を占める「声の小さい人たち」ではないか。

いずれにせよ吉田ドクトリンに従った安全保障については、今後広く深い議論が不可避《ふかひ》なのは当然である。

田中七〇年体制との決別

一方、吉田ドクトリンの両輪のもう一方である経済はどうか。

まず、国際貿易を見ると、TPPの締結が間近なことから、新たな環境の出現が目前に迫っている。もちろんTPP締結にあたり、日本に有利な条件を勝ち取ることは欠かせない。

しかし条件を呑んだのならば、それを国内に周知させて、新たな貿易環境に対応した体制の構築や人材の育成を、スピード感を持って実行すべきだろう。

一方、国内に目を移すと、やはり最大の懸案事項は小泉内閣がやり通せなかった「田中七〇年体制」の打破が大きな問題として横たわっている。

国による経済対策、いわゆるバラマキ型経済施策は限界にきていると言ってよいと思う。すでに見たように、バブル経済崩壊開始後の一九九二（平成四）年度に比較して二〇一二（平成二十四）年度の国内総生産は、前者が四八三兆八三七五億円に対して、後者は四七四兆四七四九億円と、九兆三六二六億円下回っている。一三（平成二十五）年度に至っても四八三兆一一〇三億円と、九二年度の水準に達していないのが現状だ。

その間、国内総生産に上下はあった。しかし二〇年経って我が身を振り返れば、いわば「振り出しに戻る」で、何ら経済的な発展をしていなかった。

その間に、国債を発行して、その中からの大きな割合を経済対策につぎ込んだわけである。その結果が国内総生産は二〇年前並、借金は四倍という現実である。

ただし国が実行した経済対策で確実に利益を得た人や企業がいる。ところがそれが日本経済全体の底上げには反映されていないのである。カネは砂に水をまくように消え、国の借金だけが残ったのである。繰り返しになるが、付加価値を生み出さないバラマキは失業手当や補助金と何ら変わりがない。ケインズが言った「穴を掘って埋める」ような施策が恒久《こうきゅう》的に効果があるとは考えられないのである。

経済成長なきバラマキ型経済施策を続けるのならば、財政再建のために増税は不可欠だ。しかし国民が増税に反対するのならば、バラマキ型経済施策はやめざるを得ない。特殊な階級である公務員の大幅削減も不可避だ。

同様のことは「田中七〇年体制」のもう一つの側面である高福祉政策にも言える。高福祉を引き続き推進するのならば増税は回避《かいひ》できない。しかし国民が増税に反対するのならば高福祉は諦《あきら》めざるを得ない。

低成長経済下ではバラマキ型経済施策も継続するし、高福祉も実現するという、田中角栄が決定づけた「田中七〇年体制」の維持は不可能だ。

いずれ「田中七〇年体制」との決別は不可欠であり、安倍政権や後続政権の緊急の課題となる。処理に失敗したらその先にあるのは国の破綻だろう。

今のギリシャは近い将来の日本かもしれない。

おわりに

戦後七〇年間において、最も大きな功績を残した首相は、吉田茂の右に出る者はいない。本書ではこのように結論づけた。

では、最も大きな罪を残した首相は誰か——。

やはり現代日本の負の遺産《いさん》を作り出してしまったという意味で、田中角栄の責任はきわめて重いように思う。

では、功罪ではなく首相の資質という点から見ればどうだろう。資質という点でこの人だけは首相になってはいけなかった人物は容易に特定できる。菅直人元首相である。

NHKのテレビ番組に「プロフェッショナル　仕事の流儀」がある。二〇一五（平成二十七）年四月十五日で二六〇回を迎えているから人気番組なのだろう。この番組はニュース番組の次に放送されるから、筆者の場合、たまにニュース番組を見ていて、そのまま見続けることがある。

最近見たものとしては、うどん打ち職人やガントリークレーンの運転士、自動車エンジン開発者の話が記憶に残っている。

いずれもその道のプロを自認する人たちの苦労話で、困難にぶちあたっても弱音をはかず、何とか問題を解決しようとする、そのひたむきな態度に心を打たれる。

なぜこのような話をしたかというと、菅直人元首相の「仮免許」発言に関係するからだ。

二〇一〇（平成二十二）年十二月十三日、就任半年の菅首相は、都内で開いた支援者との会合で「首相に就任し今までは仮免許だった」と半年間の政権運営を振り返った上で、「これからは本免許。皆さんの支援をもらって羽ばたいていきたい」[83]と述べたのである。

筆者もそうだが、プロを自認する人は困難に直面しても、何とか問題を解決しようと徹底的に努力する。だからプロフェッショナルだ。仮に失敗しても、あのときは「仮免許＝シロート」だったと弁解して逃げたりはしない。もちろん「プロフェッショナル　仕事の流儀」に登場した人々も同様だろう。そもそも自分を「シロート」と定義する人が番組に登場するはずがない。

ところが経世済民のプロフェッショナルであるべき首相が、堂々とシロート宣言する始末である。そしてあろうことか我々日本人は、プロを自認しないシロート経世済民家を国のトップ、首相に選んでしまったのである。

「お前のところはシロートが国の運営をするんだってな」

こんなことをお隣の韓国や中国の人々に言われたときには、恥ずかしくて答えが見つからない。ある意味で屈辱《くつじょく》である。

こんな屈辱を再び味わうことがないよう、現在の首相選びを国会による指名（要するに間接選挙）に任せるのではなく、アメリカ流の直接選挙に変更するのも一つの手だろう。任期も四年にすれば首相がクルクル変わることもなくなるメリットもある。とはいえ、しかしそうするには、現行の憲法を改正しなければならないのではあるが――

最後に、本書は祥伝社新書の編集者磯本美穂氏の企画に端《たん》を発する。また、昭和史も政治史も専門でない筆者に執筆の機会を与えてくださった水無瀬尚編集長のお陰で本書は成立した。お二人にはこの場を借りて心から感謝申し上げたい。

二〇一五年六月

神戸元町にて筆者識す

戦後70年 歴代首相一覧

第43代　東久邇宮稔彦

1887（明治20）年12月3日～1990（平成2）年1月20日(102歳)。京都出身。昭和21年に公職を追放され、昭和22年に皇族の身分を離れる。後に「ひがしくに教」の教祖にまつり上げられる。

第44代　幣原喜重郎

1872（明治5）年8月11日～1951（昭和26）年3月10日(78歳)。大阪出身。外務次官や駐米大使を歴任。昭和22年、衆議院総選挙で初当選。加藤内閣、若槻内閣、浜口内閣で外務大臣を務める。衆議院議長も務めた。

第45代　吉田茂

1878（明治11）年9月22日～1967（昭和42）年10月20日(89歳)。東京出身。昭和22年、第23回総選挙で初当選。東久邇宮内閣、幣原内閣では外相を務めた。1度首相を辞任したあと、再び首相の座に就く。

第46代　片山哲

1887（明治20）年7月28日～1978（昭和53）年5月30日(90歳)。和歌山出身。昭和5年、衆議院議員に初当選。日本社会党の書記長、委員長を歴任。退陣後は民主社会党最高顧問になる。昭和38年の総選挙で落選して政界を引退する。

第47代　芦田均

1887（明治20）年11月15日～1959（昭和34）年6月20日（71歳）。京都出身。昭和7年、衆議院議員初当選。片山内閣に外相として入閣。その後首相兼外相を務める。

第48～51代　吉田茂

第52～54代　鳩山一郎

1883（明治16）年1月1日～1959（昭和34）年3月7日（76歳）。東京出身。衆議院議員に当選後、昭和6年から8年にかけて文相を務める。昭和21年、公職を追放される。追放解除の直前に脳溢血で倒れる。26年に政界復帰を果たす。

第55代　石橋湛山

1884（明治17）年9月25日～1973（昭和48）年4月25日（88歳）。東京出身。昭和22年、衆議院議員初当選。第1次吉田内閣では大蔵大臣に抜擢される。首相在任中に病に倒れ退陣。退陣後は、中国との国交正常化に尽力した。

第56～57代　岸信介

1896（明治29）年11月13日～1987（昭和62）年8月7日（90歳）。山口出身。昭和17年、衆議院議員初当選。自由民主党初代幹事長、石橋内閣では外相として入閣する。佐藤栄作は実弟、安倍晋三は外孫にあたる。

第58～60代　池田勇人

1899（明治32）年12月3日～1965（昭和40）年8月13日(65歳)。広島出身。昭和24年、衆議院議員初当選。大蔵大臣、通産大臣、自由党政調会長などを歴任。ガン治療のため首相を辞任した。

第61～63代　佐藤栄作

1901（明治34）年3月27日～1975（昭和50）年6月3日(74歳)。山口出身。昭和24年、衆議院議員初当選。自由党幹事長、郵政大臣、建設大臣。ノーベル平和賞を授与される。岸信介は次兄。

第64～65代　田中角栄

1918（大正7）年5月4日～1993（平成5）年12月16日（75歳)。新潟出身。昭和22年、衆議院議員初当選。岸内閣で郵政相として初入閣。蔵相、通産相などを歴任。ロッキード事件で逮捕起訴される。

第66代　三木武夫

1907（明治40）年3月17日～1988（昭和63）年11月14日(81歳)。徳島出身。昭和12年、衆議院議員初当選。通信相、運輸相、また岸・池田・佐藤の歴代内閣でも要職を歴任。田中内閣では副総理を務める。

第67代　福田赳夫

1905（明治38）年1月14日～1995（平成7）年7月5日（90歳）。群馬出身。昭和27年、衆議院議員初当選。党幹事長、政調会長、農相、蔵相、外相にも就く。三木内閣では副総理を務めた。第91代首相福田康夫は長男。

第68～69代　大平正芳

1910（明治43）年3月12日～1980（昭和55）年6月12日（70歳）。香川出身。昭和27年、衆議院議員初当選。官房長官、外相、通産相、蔵相などを歴任し、福田赳夫内閣では自民党幹事長となる。選挙戦のさなか心筋梗塞により急死。

第70代　鈴木善幸

1911（明治44）年1月11日～2004（平成16）年7月19日（93歳）。岩手出身。昭和22年、衆議院議員初当選。郵政相、官房長官、厚相、農相を歴任。通算10期党総務会長を務める。麻生太郎は娘婿。

第71～73代　中曽根康弘

1918（大正7）年5月27日～　群馬出身。昭和22年、衆議院議員に初当選。科学技術庁長官をはじめ、運輸相、防衛庁長官、通産相など要職を歴任する。現職は公益財団法人世界平和研究所会長。

第74代　竹下登

1924（大正13）年2月26日～2000（平成12）年6月19日(76歳)。島根出身。昭和33年、衆議院議員に初当選。以後連続当選14回。官房長官、建設相、蔵相など要職を歴任。竹下派経世会を結成して党内最大派閥を率いた。

第75代　宇野宗佑

1922（大正11）年8月27日～1998（平成10）年5月19日(75歳)。滋賀出身。昭和35年、衆議院議員に初当選。防衛庁、科学技術庁、行政管理庁の各長官、通産相、外相を歴任する。

第76～77代　海部俊樹

1931（昭和6）年1月2日～　愛知出身。昭和35年、衆議院議員に初当選。以来14回連続当選。官房副長官、文相を歴任。平成21年の衆議院総選挙で落選し、政界を引退する。

第78代　宮沢喜一

1919（大正8）年10月8日～2007（平成19）年6月28日(87歳)。広島出身。昭和28年、参議院議員に初当選。昭和42年、衆議院議員に当選。通産相、外相、副総理などを歴任後首相になる。首相辞任後も小渕内閣、森内閣で蔵相などを務めた。

第79代　細川護熙

1938（昭和13）年1月14日～　東京出身。昭和46年、参議院議員に当選。昭和58年から2期、熊本県知事を務め、その後日本新党を結成。平成26年東京都知事選に出馬するも落選した。

第80代　羽田孜

1935（昭和10）年8月24日～　東京出身。昭和44年、衆議院議員に当選。農水相、蔵相、副総理、外相などを歴任。新政党党首も務めた。

第81代　村山富市

1924（大正13）年3月3日～　大分出身。昭和47年、衆議院議員に初当選。日本社会党委員長、社会民主党初代党首を務めた。政界引退後は、日朝国交促進国民協会会長などを務める。

第82～83代　橋本龍太郎

1937（昭和12）年7月29日～2006（平成18）年7月1日（68歳）。東京出身。昭和38年、衆議院議員に初当選。厚相、運輸相、通産相、蔵相などを歴任する。平成13年の自民党総選挙で小泉純一郎に敗れる。平成17年に政界引退。

第84代　小渕恵三

1937（昭和12）年6月25日～2000（平成12）年5月14日（62歳）。群馬出身。昭和38年、衆議院議員に初当選。以来12

回連続当選。沖縄開発庁長官、官房長官、外相などを歴任。首相在任中に倒れる。

第 85 〜 86 代　森喜朗

1937（昭和 12）年 7 月 14 日〜　石川出身。昭和 44 年、衆議院議員初当選。文相、通産相、建設相を歴任。2014 年、東京オリンピック・パラリンピック競技大会組織委員会会長に就任した。

第 87 〜 89 代　小泉純一郎

1942（昭和 17）年 1 月 8 日〜　神奈川出身。昭和 47 年、衆議院議員初当選。厚相、郵政相などを歴任。平成 21 年政界を引退した。衆議院議員小泉進次郎は息子。

第 90 代　安倍晋三

1954（昭和 29）年 9 月 21 日〜　東京出身。平成 5 年、衆議院議員に初当選。内閣官房長官を経て首相に就任。体調悪化後、首相を辞任し再び返り咲く。現在、第 97 代首相。

第 91 代　福田康夫

1936（昭和 11）年 7 月 16 日〜　群馬出身。平成 2 年、衆議院議員初当選。外務政務次官を経て官房長官を務める。平成 24 年、政界を引退した。第 67 代首相福田赳夫は実父。

第 92 代　麻生太郎

1940（昭和 15）年 9 月 20 日～　福岡出身。昭和 54 年、衆議院議員に初当選。経済企画庁長官、経済財政担当相、総務相、外相などを歴任。現在は、安倍内閣で副総理、財務大臣などの重職に就く。

第 93 代　鳩山由紀夫

1947（昭和 22）年 2 月 11 日～　東京出身。昭和 61 年、衆議院議員に初当選。自民党を離党し、平成 8 年に民主党を結成して党代表を務めた。鳩山一郎は祖父。

第 94 代　菅直人

1946（昭和 21）年 10 月 10 日～　山口出身。昭和 55 年、衆議院議員初当選。厚相、国家戦略担当、内閣府特命担当、副総理などを歴任。民主党の政策調査会長、幹事長、代表も務めた。

第 95 代　野田佳彦

1957（昭和 32）年 5 月 20 日～　千葉出身。平成 5 年、衆議院議員初当選。松下政経塾第 1 期生。民主党国会対策委員長、財務大臣などを務める。

第 96 ～ 97 代　安倍晋三

戦後七〇年　主な出来事

西暦	年号	国内	国外
一九四五	昭和二十	八月　ポツダム宣言受諾、終戦の詔勅放送、**東久邇宮内閣発足**、マッカーサー元帥厚木に到着 九月　ミズーリ号で降伏文書に調印 十月　**幣原内閣発足** 十一月　財閥解体指令 十二月　第一次農地改革	二月　ヤルタ会談 五月　ドイツ降伏
四六	二十一	五月　**吉田内閣発足** 十一月　日本国憲法発布、財産税公布	
四七	二十二	三月　財産税納税 五月　日本国憲法施行、**片山内閣発足**	三月　トルーマン・ドクトリン

戦後七〇年　主な出来事

四八	二十三	三月　**芦田内閣発足** 六月　昭和電工疑獄 十月　**吉田内閣発足** 十二月　ＧＨＱ、経済安定九原則を指令	八月　大韓民国成立 九月　朝鮮民主主義人民共和国成立
四九	二十四	三月　ドッジ・ラインを発表 八月　シャウプ勧告	十月　中華人民共和国成立
五〇	二十五		六月　朝鮮戦争勃発
五一	二十六	九月　サンフランシスコ平和条約、日米安全保障条約成立	
五二	二十七	八月　ＩＭＦに加盟	十一月　アメリカ水爆実験
五三	二十八	三月　吉田茂・バカヤロー解散 十月　池田・ロバートソン会談	七月　朝鮮戦争休戦協定
五四	二十九	四月　造船疑獄 十二月　**鳩山内閣発足**、神武景気（～五七年六月）	七月　ジュネーブ協定

西暦	年号	国内	国外
五五	三十	十月　社会党統一大会 十一月　自由民主党結党大会 「三種の神器」が流行語になる	五月　ワルシャワ条約機構成立
五六	三十一	七月　昭和三十一年度版経済白書「もはや戦後ではない」と宣言 十月　日ソ国交回復に関する共同宣言 十二月　**石橋内閣発足** 「団地族」という言葉が生まれる	十月　ハンガリー事件
五七	三十二	二月　**岸内閣発足** 六月　岸・アイゼンハワー共同声明	三月　ヨーロッパ経済共同体成立
五八	三十三	七月　岩戸景気（〜六一年十二月）	
五九	三十四	四月　皇太子殿下ご成婚	一月　キューバ革命
六〇	三十五	一月　新安保条約の調印 七月　**池田内閣発足** 十二月　国民所得倍増計画発表	

戦後七〇年　主な出来事

六一	三十六		一月　ジョン・F・ケネディ大統領に就任
六二	三十七		十月　キューバ危機
六三	三十八	七月　名神高速道路一部開通	十一月　ジョン・F・ケネディ暗殺
六四	三十九	四月　IMF8条国に移行。経済協力開発機構（OECD）に加盟 十月　東海道新幹線開通、東京オリンピック開幕 十一月　**佐藤内閣発足**	十月　中国、原爆実験に成功
六五	四十	六月　日韓基本条約 十一月　いざなぎ景気（〜七〇年七月）	
六六	四十一	六月　ザ・ビートルズ来日	五月　中国、文化大革命
六七	四十二	十二月　非核三原則表明	七月　ヨーロッパ共同体（EC）発足
六九	四十四	一月　東大安田講堂に機動隊突入	七月　アポロ11号月面着陸
七〇	四十五	三月　日本万国博覧会（万博）開催	

西暦	年号	国内	国外
七一	四十六	六月　沖縄返還協定調印	八月　ニクソン大統領、金とドルの交換一時停止 十二月　スミソニアン協定が成立
七二	四十七	二月　浅間山荘事件 五月　沖縄の本土復帰 七月　**田中内閣発足** 九月　田中首相訪中、日中国交正常化を実現	二月　ニクソン大統領訪中
七三	四十八	二月　円が変動相場になる 十月　第一次オイル・ショック	十月　第四次中東戦争勃発
七四	四十九	十二月　**三木内閣発足**	
七五	五十	十一月　三木首相、フランスで開催の第一回先進国首脳会議（サミット）に出席 赤字国債を発行する	四月　北ベトナム軍サイゴン入城

七六	五十一	七月 ロッキード事件、田中角栄逮捕 十二月 **福田内閣発足**	九月 毛沢東死亡
七八	五十三	八月 日中平和友好条約調印 十二月 **大平内閣発足**	
七九	五十四	六月 先進国首脳会議（東京サミット） 第二次オイル・ショック	三月 スリーマイル島原発事故 五月 サッチャー首相就任
八〇	五十五	七月 **鈴木内閣発足**	九月 イラン・イラク戦争勃発
八一	五十六	二月 初の「北方領土の日」	一月 レーガン大統領就任
八二	五十七	十一月 **中曽根内閣発足**	四月 フォークランド紛争
八三	五十八	十月 ロッキード裁判で田中角栄が有罪 十一月 ロン・ヤス会談	九月 ソ連が大韓航空機を撃墜
八五	六十	四月 NTTとJTが発足 九月 プラザ合意。超円高始まる	十一月 米ソ首脳会談（ジュネーブ）
八六	六十一	五月 東京サミットが開催される	十一月 中国、民主化運動高まる

西暦	年号	国内	国外
八七	六十二	二月 ＮＴＴ株売り出し 四月 国鉄民営化 十一月 **竹下内閣発足**	十月 ブラックマンデー
八八	六十三	六月 リクルート疑惑発覚 十二月 消費税導入を柱とする税制改革六法案が可決	九月 ソウル五輪大会
八九	六十四 平成元	一月 昭和天皇崩御 二月 リクルート事件、江副逮捕 四月 消費税がスタート 六月 **宇野内閣発足** 八月 **海部内閣発足**	六月 天安門事件 十一月 ベルリンの壁崩壊 十二月 マルタ会談で冷戦終結宣言
九〇	二		十月 ドイツ統一
九一	三	十一月 **宮沢内閣発足**	一月 湾岸戦争勃発
九二	四	二月 佐川急便事件 六月 ＰＫＯ協力法案成立	八月 中国と韓国が国交樹立

九三	五	八月 **細川内閣発足**	
九四	六	四月 **羽田内閣発足** 六月 **村山内閣発足**	二月 北朝鮮、IAEA核査察
九五	七	一月 阪神・淡路大震災発生 三月 地下鉄サリン事件 八月 村山談話発表	一月 世界貿易機構設立
九六	八	一月 **橋本内閣発足**、日本社会党が「社会民主党」と改称 六月 住専処理法公布	
九七	九	四月 消費税五％ 十一月 三洋証券、北海道拓殖銀行破綻。山一證券が自主廃業する	六月 ロシアを含めたG8開催 七月 香港返還
九八	十	七月 **小渕内閣発足** 十月 日本長期信用銀行破綻 十二月 日本債券信用銀行破綻	五月 通貨ユーロ11カ国確定

西暦	年号	国内	国外
九九	十一	七月　中央省庁改革関連法案成立 十月　自自公連立政権	一月　EUの単一通貨、ユーロ使用開始
〇〇	十二	四月　**森内閣発足** 七月　九州・沖縄サミット開催	
〇一	十三	一月　中央省庁一府一二省庁に再編 四月　**小泉内閣発足**	九月　同時多発テロ発生
〇二	十四	九月　小泉首相、北朝鮮を訪問	
〇三	十五		三月　イラク戦争
〇五	十七	十月　郵政民営化法成立	
〇六	十八	九月　**安倍内閣発足**	
〇七	十九	九月　**福田内閣発足**	十二月　サブプライムローン問題による世界金融不安
〇八	二十	七月　福田首相、洞爺湖サミットに出席 九月　**麻生内閣発足** 十月　日経平均株価大暴落	九月　リーマン・ブラザーズ破綻

〇九	二十一	八月　衆議院議員総選挙で民主党が圧勝。政権交代 九月　**鳩山内閣発足**	一月　バラク・オバマが大統領就任
一〇	二十二	六月　**菅内閣発足**	八月　中国がＧＤＰで日本を抜く
一一	二十三	三月　東日本大震災 九月　**野田内閣発足**	十二月　金正日死去
一二	二十四	十二月　**安倍内閣発足**	十一月　習近平国家主席就任

自由民主党 派閥系譜

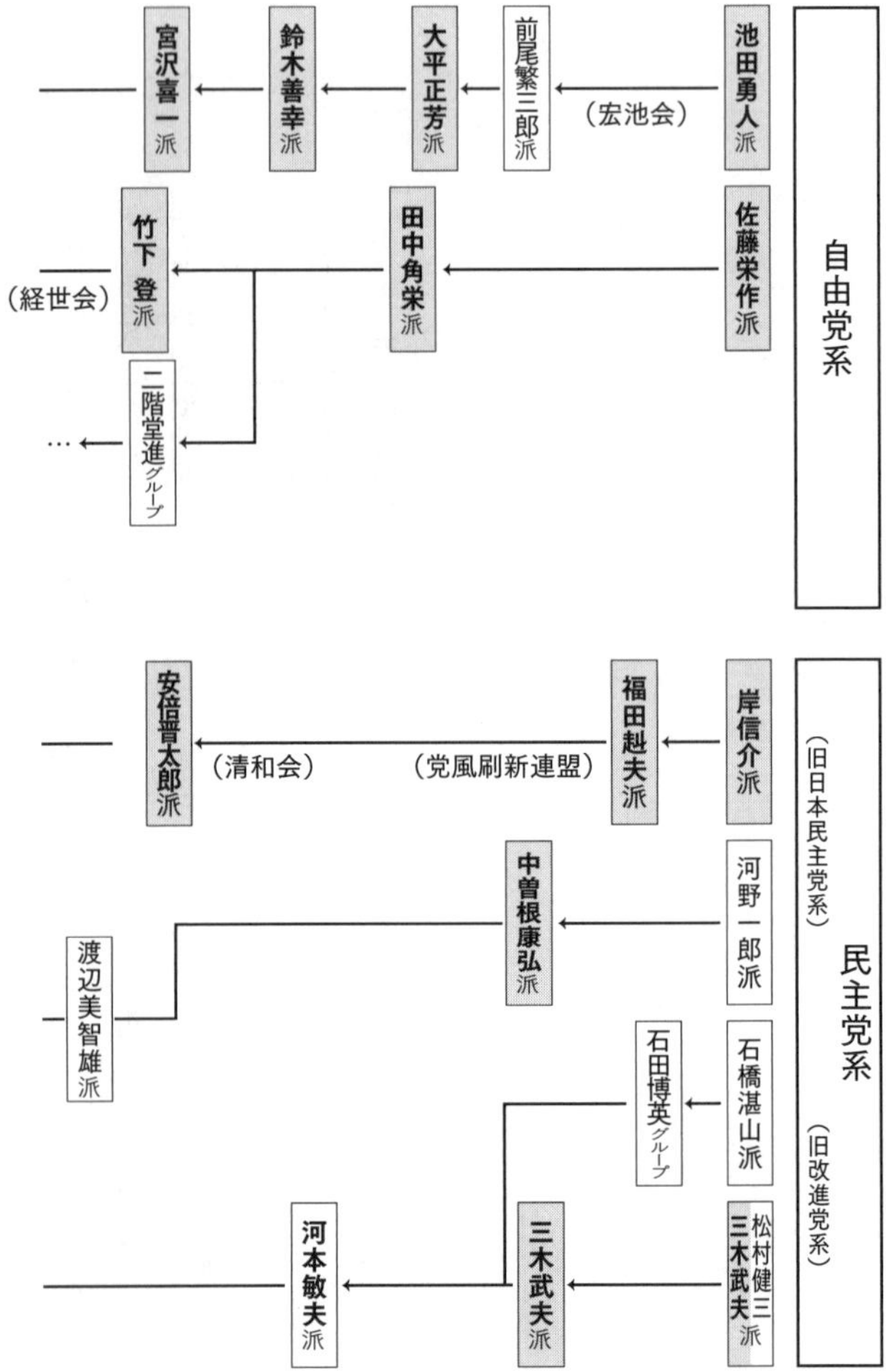

※太字は首相経験者

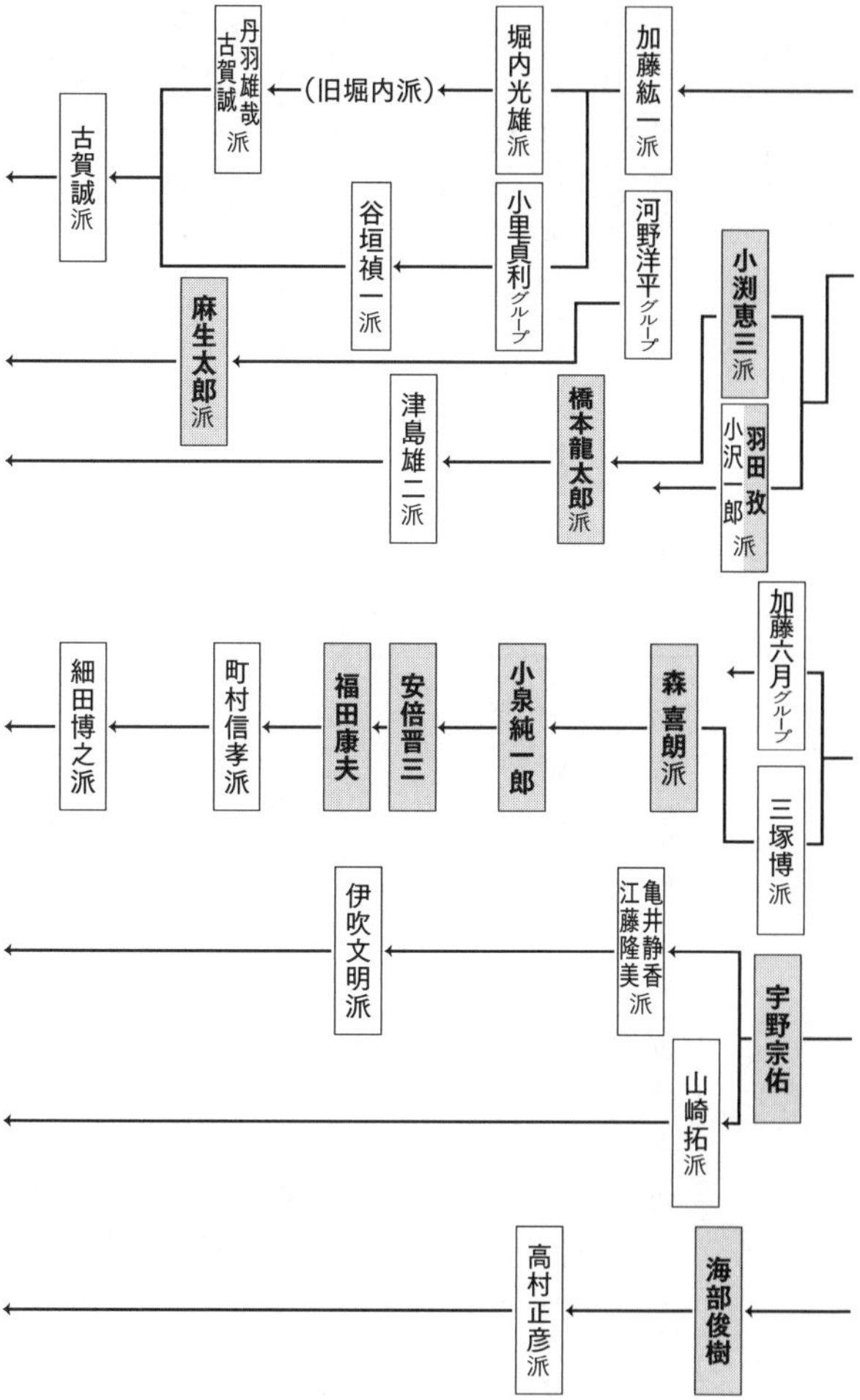
加藤紘一派
堀内光雄派
(旧堀内派)
丹羽雄哉
古賀誠派
古賀誠派
小里貞利グループ
谷垣禎一派
河野洋平グループ
麻生太郎派
小渕恵三派
橋本龍太郎派
津島雄二派
羽田孜
小沢一郎派
加藤六月グループ
三塚博派
森喜朗派
小泉純一郎
安倍晋三
福田康夫
町村信孝派
細田博之派
宇野宗佑
亀井静香
江藤隆美派
伊吹文明派
山崎拓派
海部俊樹
高村正彦派

脚注

1 東久邇宮稔彦『私の記録』（一九四七年、東方書房）一一〇頁
2 東久邇宮、前掲書一二七頁
3 東久邇宮、前掲書一六五頁
4 東久邇宮、前掲書一八四頁
5 ダグラス・マッカーサー著、津島一夫訳『マッカーサー大戦回顧録』（二〇〇三年、中公文庫）四二六頁
6 幣原喜重郎『外交五十年』（一九五一年、読売新聞社）二一一〜二一二頁
7 幣原、前掲書二一三〜二一四頁
8 マッカーサー、前掲書四五六頁
9 吉田茂『回想十年　第二巻』（一九五七年、新潮社）三三頁
10 古関彰一『憲法九条はなぜ制定されたか』（二〇〇六年、岩波書店）九頁
11 藤井信幸『池田勇人』（二〇一二年、ミネルヴァ書房）三四頁
12 川端康成、湯川秀樹監修『日本人の100年　16』（一九七三年、世界文化社）収録、野坂昭如「アイ・アム・ハングリ」四二〜四三頁
13 吉田茂、前掲書第二巻四二頁
14 吉田茂『回想十年　第一巻』（一九五七年、新潮社）一四五頁

15 御厨貴、中村隆英編『聞き書 宮澤喜一回顧録』(二〇〇五年、岩波書店)一四一頁
16 御厨、中村編、前掲書一〇七~一〇八頁
17 つげ義春『現代まんが全集11 つげ義春集』(一九七八年、筑摩書房)収録「大場電気鍍金工業所」二九一頁
18 御厨、中村編、前掲書一二二~一二三頁
19 吉田、『回想十年 第三巻』(一九五七年、新潮社)四八頁
20 吉田、前掲書第二巻一八一頁
21 吉田、前掲書第三巻収録、池田一四五頁
22 吉田、前掲書第三巻一四六頁
23 吉田、前掲書第二巻一六八頁
24 吉田、前掲書第一巻一一七頁
25 鳩山一郎『鳩山一郎回顧録』(一九五七年、文藝春秋新社)五五頁
26 鳩山、前掲書五六頁
27 鳩山、前掲書一九六頁
28 経済企画庁『昭和31年度版経済白書』(http://www5.cao.go.jp/keizai3/keizaiwp/wp-je56/wp-je56-010501.html)

29 岸信介『岸信介回顧録』（一九八三年、廣済堂出版）三二三頁
30 以下は、野口悠紀雄『戦後日本経済史』（二〇〇八年、新潮選書）七七〜七八頁に基づく。
31 田原総一朗『日本の戦後（上）』（二〇〇三年、講談社）一八九頁
32 田原、前掲書一八六頁
33 岸信介、矢次一夫、伊藤隆『岸信介の回想』（一九八一年、文藝春秋）二四三頁
34 岸、前掲書五四八頁
35 御厨、中村編、前掲書一九〇頁
36 藤井、前掲書一一頁
37 第００９回国会　予算委員会　第9号　昭和二十五年十二月七日（木曜日）（http://kokkai.ndl.go.jp/SENTAKU/sangiin/009/0514/00912070514009c.html）
38 国会会議録検索システム「第15回衆議院本会議（昭和二七年十一月二十七日）」（http://kokkai.ndl.go.jp）
39 御厨、中村編、前掲書一九三頁
40 宮本常一『忘れられた日本人』（一九八四年、岩波文庫）一二四頁
41 梅棹忠夫『梅棹忠夫著作集　第14巻』（一九九一年、中央公論社）収録「情報産業論」二五頁
42 梅棹、前掲書三五頁
43 梅棹、前掲書収録「情報産業論再説」九二頁

44 伊藤昌哉『池田勇人その生と死』（一九六六年、至誠堂）二五一頁
45 伊藤、前掲書二七八頁
46 以下は、老川祥一『政治家の胸中』（二〇一二年、藤原書店）六九頁に基づく。
47 以下は、伊藤、前掲書二三三頁に基づく。
48 佐藤榮作『佐藤榮作日記　第二巻』（一九九八年、朝日新聞社）一二九頁
49 佐藤、前掲書一八六頁
50 堀越作治『戦後政治裏面史』（一九九八年、岩波書店）一一〇頁
51 岩見隆夫『日本の歴代総理大臣がわかる本』（二〇〇一年、三笠書房）一二五頁
52 以下、老川、前掲書六六～六八頁に基づく。
53 細川隆元『隆元のわが宰相論』（一九七八年、山手書房）三四二頁
54 細川、前掲書三四三頁
55 御厨貴編『歴代首相物語』（二〇〇三年、新書館）二〇二頁
56 森喜朗、田原総一朗『日本政治のウラのウラ』（二〇一三年、講談社）一一六頁
57 岸信介、河野一郎、福田赳夫、後藤田正晴、田中角栄、中曽根康弘『私の履歴書』（二〇〇七年、日本経済新聞出版社）五五一頁
58 老川、前掲書八一頁

59 岸、河野、福田、後藤田、田中、中曽根、前掲書一九二頁
60 森喜朗、田原総一朗、前掲書一二〇～一二四頁
61 ピーター・ドラッカー著、佐々木実智男・上田惇生訳『見えざる革命』（一九七六年、ダイヤモンド社）V頁
62 大平正芳『私の履歴書』（一九七八年、日本経済新聞社）一三六頁
63 森喜朗、田原、前掲書一一四頁
64 岸、河野、福田、後藤田、田中、中曽根、前掲書二〇七頁
65 岸、河野、福田、後藤田、田中、中曽根、前掲書四九七頁
66 岸、河野、福田、後藤田、田中、中曽根、前掲書四九七頁
67 御厨、中村編、前掲書二七五頁
68 竹下登『政治とは何か』（二〇〇一年、講談社）二三頁
69 以下、岸、河野、福田、後藤田、田中、中曽根、前掲書一八二頁、および岩見、前掲書一〇八頁に基づく。
70 森、田原、前掲書一二八頁
71 海部俊樹『政治とカネ』（二〇一〇年、新潮新書）一二二頁
72 御厨、中村編、前掲書二八五頁

73 以下、中根千枝『タテ社会の人間関係』（一九六七年、講談社現代新書）一五〇〜一五六頁に基づく。
74 細川護熙『内訟録』（二〇一〇年、日本経済新聞出版社）四七八頁
75 薬師寺克行編『村山富市回顧録』（二〇一二年、岩波書店）一八九頁
76 御厨、中村編、前掲書二八五頁
77 御厨貴、牧原出編『聞き書 野中広務回顧録』（二〇一二年、岩波書店）二五九頁
78 御厨、牧原編、前掲書二六六頁
79 御厨、牧原編、前掲書三〇八頁
80 御厨、牧原編、前掲書三二六頁
81 以下、御厨、牧原編、前掲書三〇八〜三〇九頁、森喜朗『私の履歴書 森喜朗回顧録』（二〇一三年、日本経済新聞出版社）二〇九頁、および森、田原、前掲書二七一〜二七五頁に基づく。
82 二〇一五（平成二十七）年四月二九日付「朝日新聞」
83 二〇一〇（平成二十二）年十二月十三日付「日本経済新聞」

参考文献

トマ・ピケティ著、山形浩生・守岡桜・森本正史訳『21世紀の資本』(二〇一四年、みすず書房)
藤井信幸『池田勇人』(二〇一二年、ミネルヴァ書房)
伊藤昌哉『池田勇人その生と死』(一九六六年、至誠堂)
岩崎小弥太傳編纂委員会『岩崎小弥太傳』(一九五七年、岩崎小弥太傳編纂委員会)
梅棹忠夫『梅棹忠夫著作集　第14巻』(一九九一年、中央公論社)
小峰隆夫、岡崎哲二、寺西重郎他『エコノミストの戦後史』(二〇一三年、日本経済新聞出版社)
幣原喜重郎『外交五十年』(一九五一年、読売新聞社)
三和良一『概説日本経済史』(一九九三年、東京大学出版会)
吉田茂『回想十年　第一巻~第四巻』(一九五七年、新潮社)
御厨貴、牧原出編『聞き書 野中広務回顧録』(二〇一二年、岩波書店)
御厨貴、中村隆英編『聞き書 宮澤喜一回顧録』(二〇〇五年、岩波書店)
岸信介『岸信介回顧録』(一九八三年、廣済堂出版)
岸信介、矢次一夫、伊藤隆『岸信介の回想』(一九八一年、文藝春秋)
浜野保樹『極端に短いインターネットの歴史』(一九九七年、晶文社)
三和良一、原朗編『近現代日本経済史要覧』(二〇〇七年、東京大学出版会)

参考文献

下川耿史『近代子ども史年表　昭和・平成編』（二〇〇二年、河出書房新社）
土志田征一『経済白書で読む戦後日本経済の歩み』（二〇〇一年、有斐閣）
つげ義春『現代まんが全集11　つげ義春集』（一九七八年、筑摩書房）
古関彰一『憲法九条はなぜ制定されたか』（二〇〇六年、岩波書店）
梅原猛、大江健三郎、奥平康弘他『憲法九条は私たちの安全保障です』（二〇一五年、岩波書店）
ロナルド・ドーア『幻滅』（二〇一四年、藤原書店）
佐藤榮作『佐藤榮作日記　第二巻』（一九九八年、朝日新聞社）
エズラ・F・ヴォーゲル著、広中和歌子・木本彰子訳『ジャパン アズ ナンバーワン』（一九七九年、TBSブリタニカ）
宮崎勇『証言戦後日本経済』（二〇〇五年、岩波書店）
詳説日本史図録編集委員会編『詳説日本史図録　第2版』（二〇〇八年、山川出版社）
経済企画庁『昭和31年度版経済白書』
半藤一利『昭和史』（二〇〇四年、平凡社）
半藤一利『昭和史　戦後編』（二〇〇六年、平凡社）
中村隆英『昭和史　ⅠⅡ』（一九九三年、東洋経済新報社）
堤堯『昭和の三傑』（二〇〇四年、集英社インターナショナル）

古田隆彦『人口減少ショック』（一九九三年、PHP研究所）
相田洋『新・電子立国　6』（一九九七年、日本放送出版協会）
東京書籍編集部『図説日本史』（一九九七年、東京書籍）
老川祥一『政治家の胸中』（二〇一二年、藤原書店）
海部俊樹『政治とカネ』（二〇一〇年、新潮新書）
竹下登『政治とは何か』（二〇〇一年、講談社）
松田賢弥『絶頂の一族』（二〇一五年、講談社）
堀越作治『戦後政治裏面史』（一九九八年、岩波書店）
宮沢喜一『戦後政治の証言』（一九九一年、読売新聞社）
野口悠紀雄『戦後日本経済史』（二〇〇八年、新潮選書）
経済企画庁編『戦後日本経済の軌跡——経済企画庁50年史』（一九九七年、大蔵省印刷局）
橋本寿朗『戦後の日本経済』（一九九五年、岩波新書）
週刊朝日編『続　値段の風俗史』（一九八一年、朝日新聞社）
中根千枝『タテ社会の人間関係』（一九六七年、講談社現代新書）
麻生和子『父 吉田茂』（一九九三年、光文社）
宮澤喜一『東京・ワシントンの密談』（一九九九年、中公文庫）

参考文献

細川護熙『内訟録』(二〇一〇年、日本経済新聞出版社)
石井寛治『日本経済史[第2版]』(一九七六年、東京大学出版会)
八代尚宏『日本経済論・入門』(二〇一三年、有斐閣)
日本経済新聞社編集『日本経済を変えた戦後67の転機』(二〇一四年、日本経済新聞出版)
川端康成、湯川秀樹監修『日本人の100年 16、17、18』(一九七三年、世界文化社)
森喜朗、田原総一朗『日本政治のウラのウラ』(二〇一三年、講談社)
田原総一朗『日本の戦後(上)(下)』(二〇〇三年、講談社)
塩田潮『日本の内閣総理大臣事典』(二〇一一年、辰巳出版)
岩見隆夫『日本の歴代総理大臣がわかる本』(二〇〇一年、三笠書房)
鳩山一郎『鳩山一郎回顧録』(一九五七年、文藝春秋新社)
エドワード・チャンセラー著、山岡洋一訳『バブルの歴史』(二〇〇〇年、日経BP社)
長谷川峻『東久邇政権五十日』(一九八七年、行研)
ダグラス・マッカーサー著、津島一夫訳『マッカーサー大戦回顧録』(二〇〇三年、中公文庫)
ピーター・ドラッカー著、佐々木実智男・上田惇生訳『見えざる革命』(一九七六年、ダイヤモンド社)
薬師寺克行編『村山富市回顧録』(二〇一二年、岩波書店)
広瀬隆『持丸長者 戦後復興篇』(二〇〇八年、ダイヤモンド社)

永野信利『吉田政権・二六一六日（上）（下）』（二〇〇四年、行研）
奈良本辰也監修、高野澄執筆『読める年表 8昭和篇』（一九八二年、自由国民社）
細川隆元『隆元のわが宰相論』（一九七八年、山手書房）
小林弘忠『歴代首相 知れば知るほど』（二〇〇八年、実業之日本社）
御厨貴編『歴代首相物語』（二〇〇三年、新書館）
鳥海靖編『歴代内閣・首相事典』（二〇〇九年、吉川弘文館）
小川環樹訳注『老子』（一九七三年、中央公論社）
宮本常一『忘れられた日本人』（一九八四年、岩波文庫）
東久邇宮稔彦『私の記録』（一九四七年、東方書房）
大平正芳『私の履歴書』（一九七八年、日本経済新聞社）
岸信介、河野一郎、福田赳夫、後藤田正晴、田中角栄、中曽根康弘『私の履歴書 保守政権の担い手』（二〇〇七年、日本経済新聞出版社）
森喜朗『私の履歴書 森喜朗回顧録』（二〇一三年、日本経済新聞出版社）

索引

〈数字・アルファベット〉
『21世紀の資本』　41
3C　149
DAIGO　211
e—Japan戦略　252
GHQ　25, 29, 33, 38, 43
IMF　124, 156
IMF・世銀東京総会　132, 133
IMF八条国　133
JR　198
JT　198
NTT　198, 208
NTT株　208, 214
OECD　133
RAND研究所　128
TPP（環太平洋戦略的経済連携協定）　272, 278

〈あ行〉
「アイ・アム・ハングリ」　45
鮎川義介　94
アイザック・ニュートン　222
アイゼンハワー（ドワイト・D・アイゼンハワー）　67, 97, 104, 131, 274
愛知揆一　167
赤切符　110, 183, 186
赤字国債（特例国債）　145, 146, 171, 186, 194, 213, 214, 268
浅間山荘事件　150
芦田均　53, 56, 180
麻生太賀吉　83, 263
麻生太吉　263
麻生太郎　83, 253, 261, 262
安倍晋三　94, 160, 260, 261, 270
安倍晋太郎　94, 211, 217, 260
アベノミクス　270
阿部文男　231
アポロ11号　149, 151
アメリカ同時多発テロ　254
安全保障（安保）　3, 4, 60, 65, 96, 97, 131
安全保障関連法案　275
安保闘争　99
安保反対　264
池田成彬　42
池田勇人　42, 62, 65, 70, 76, 80, 105, 108, 147, 160, 183, 186, 192, 227, 256
池田・ロバートソン会談　74
いざなぎ景気　142
石井光次郎　91, 105
異次元緩和　270
石橋湛山　91, 238
一億総懺悔　26, 30, 43
一億総中流　43, 136
一億総白痴化　90
一萬田尚登　70
一龍戦争　241
一〇〇〇億減税・一〇〇〇億施策　92
イッちゃん　248
一般消費税　186
伊藤博文　142

伊藤昌哉　135, 139
伊東正義　194
糸と縄の取引　148
犬養毅　21, 80
犬養健　80
井上裕　255
為無為　36, 37
イラン・イラク戦争　189
岩崎小弥太　40
岩崎弥太郎　40
岩戸景気　96, 116
インターネット　130
インターネット・プロトコル（IP）　130
インフレーション　44, 61, 167, 207
ウォルター・ロバートソン　74
失われた一〇年　253
失われた二〇年　268
宇野宗佑　223, 238
梅棹忠夫　126, 130
売上税　202, 211, 213
エコー効果　177, 179
エコノミック・アニマル　155
エズラ・ヴォーゲル　190
江副浩正　216
えひめ丸事故　251
遠藤三郎兵衛　57
老川祥一　138, 152, 153
大久保利通　51
大河内正敏　163
「大場電気鍍金工業所」　63
大平正芳　21, 115, 146, 161, 179, 184, 185, 193
大宅壮一　90
オールドパー　162
岡田啓介　51
緒方貞子　21
緒方竹虎　20, 84
岡本太郎　151
沖縄・小笠原返還問題　147
沖縄サミット　252
沖縄普天間基地　266
奥田敬和　228
小沢一郎　228, 231, 235, 241, 247, 249, 262
小沢面接　228
小渕恵三　143, 215, 224, 228, 246, 252

〈か行〉

カール・シャウプ　62, 65
ガイドライン（日米防衛協力のための指針）　272, 273, 275
海部俊樹　223
ガガーリン　128
革新官僚　95
角福戦争　162, 165, 181, 184, 197, 215
風見鶏　196, 197
梶山静六　228
片山哲　53, 55, 56, 180
勝海舟　24
桂太郎　142
加藤勘十　114
加藤紘一　193, 251, 255
加藤高明　31
加藤の乱　193, 252
金丸信　212, 228, 231, 235
株式　218

亀井静香　253
仮免許　266, 282
カローラ　150
川島正次郎　168
菅直人　261, 266, 281, 282
樺美智子　105
寛容と忍耐　113
官僚制度　39
木内登喜子　40
岸・アイゼンハワー共同声明　97
岸信介　83, 84, 91, 131, 141, 147, 160, 162, 273, 274
木戸幸一　16
紀貫之　209
金正日　255
キューバ危機　129
牛歩戦術　226
狂乱物価　167, 183
共和汚職事件　231
玉音放送　19, 30
キングメーカー　197, 228
公家集団　193, 230
久邇宮朝彦　16, 18
久邇宮良子　16
クリーン三木　181
栗栖赳夫　57
黒田東彦　270
軍事的為無為　37, 75, 76, 77, 78, 275
軍事的無為　37
グンゼ　57
『経営者の条件』　174
経済　3, 4, 60, 130
経済安定九原則　61
経済協力開発機構（OECD）　133
経済再生　248
経済制度の民主化　39
経済の福田　183
警察官職務執行法（警職法）　99
警察予備隊　68, 73
傾斜生産方式　55, 57
経世会　212, 224, 228
経世済民　3, 38, 61, 130, 212, 230
ケインズ（ジョン・メイナード・ケインズ）　192, 280
ケネス・ロイヤル　59, 65
源氏鶏太　110
原子力の平和利用　151
建設国債　145
憲法案（GHQ 案）　33
憲法九条　34, 36, 37, 76
憲法問題調査委員会　32
小泉改革　256, 258
小泉純一郎　132, 160, 193, 250, 253
小泉純也　253
小泉又次郎　253
皇太子殿下のご成婚　90
宏池会　192, 230
高度経済成長　96, 121, 124, 256
河野一郎　141, 196
河野洋平　182
高福祉政策　257, 280
公明党　235, 247
国債　145
国際通貨基金（IMF）　124, 156
国体護持　25, 28
国土の均衡ある発展　168, 257
国民協同党　56, 180
国民所得倍増計画　115, 117, 119,

121, 130, 136, 143, 192, 256
国連平和維持活動（PKO）協力法案　225, 226
五五年体制　85, 236
護送船団方式　125
後藤誉之助　88
近衛文麿　18, 20, 32, 52
小林一三　95
根拠なき熱狂　101, 103, 106, 264

〈さ行〉

塞翁が馬　52
西郷隆盛　24
財産税　40, 44
財テク　207, 209
財テク元年　210
財閥解体　40, 44, 136
サイレント・マジョリティ　103
佐川急便事件　231
サッチャー（マーガレット・サッチャー）　201
佐藤栄作　80, 85, 93, 105, 108, 109, 111, 132, 138, 141, 152, 160, 196, 255
『佐藤榮作日記』　249
佐藤・ジョンソン会談　148
佐藤信寛　93
佐藤秀助　93
サブプライム・ローン　261
冷めたピザ　246
三公社民営化　198
三種の神器　89, 149
三ちゃん農業　122
三等重役　110, 111
サントリー　162
サンフランシスコ平和条約　69, 70, 80, 86, 147, 275
三本の矢　271
三洋証券　244
椎名悦三郎　168, 181
椎名裁定　181
自衛隊　69, 134, 226, 239, 273, 277
重光葵　24, 52, 83, 98
幣原外交　31
幣原喜重郎　31, 32, 35, 48, 77, 81
渋沢栄一　40
渋沢敬三　40, 42
司法制度の改正　39
下村治　192
シャウプ勧告　62
社会福祉　170
社会民主党　220
『ジャパンアズナンバーワン』　190
周恩来　164
住専処理問題　242
集団的自衛権　273, 274
自由民主党（自民党）　85, 183, 220, 245
主要先進国首脳会談（東京サミット）　189
蔣介石　59
彰義隊　24
少子化　178
小日本主義　91
消費革命　90
消費税　213, 214, 267
情報化　126
情報産業　126
情報産業論　126, 127, 130
昭和電工疑獄　57

昭和天皇（天皇）　16, 19, 20, 25, 215, 216
昭和の妖怪　95, 100
『昭和の三傑』　77
ジョージ・ブッシュ　132, 255
ジョセフ・ドッジ　61, 62, 65, 66
所得格差　201
庶民宰相　161
ジョン・F・ケネディ　131, 147
ジョン・スチュアート・ミル　115
ジョン・フォスター・ダレス　67, 76
白洲次郎　65
新憲法　53
人口構造　121, 176
新五五年体制　238
新自由クラブ　182, 224
新生党　235
新党さきがけ　235, 265
真藤恒　217
神武景気　89
巣鴨プリズン　95
鈴木貫太郎　17, 78
鈴木善幸　168, 180, 191
鈴木宗男　255
スタグフレーション　167
すでに起こった未来　176
スバル360　116
スミソニアン協定　156
政権交代　264
『政治家の胸中』　138
青年将校　196
清和会　250, 260
世界銀行（世銀）　124, 156
世界的な資本税　41
世銀融資　124
『戦後日本経済史』　100
潜在主権　72, 147
戦争の放棄　33
戦力なき軍隊　69, 75, 77
戦力の放棄（不保持）　33
創政会　212
造船疑獄　80, 83
総量規制　220

〈た行〉

第一次オイル・ショック　145, 166, 171, 175, 179, 183, 189
第一次ベビーブーム　177
第三の道　278
第二次オイル・ショック　189, 191, 193
第二次ベビーブーム　177
太平洋ベルト地帯　118, 165
太陽の塔　151
第四次中東戦争　166
ダグラス・マッカーサー　22, 32, 36, 39, 54, 59, 68
竹内綱　50
竹馬の脚　61
竹下登　185, 204, 211, 217, 238, 260
武村正義　265
『タテ社会の人間関係』　234
田中角栄　118, 139, 144, 160, 161, 163, 182, 195, 198, 212, 231, 256, 281
田中曽根内閣　197, 198
田中七〇年体制　171, 256, 259, 279, 280

田中眞紀子　255
田原総一朗　101, 103
多老化（高齢化）　178
団塊の世代　121, 177
『断絶の時代』　174
団地族　89
地域間の均衡ある発展　118
地下鉄サリン事件　240
中央省庁改革関連法案　248
中共貿易拡大　92
中産階級　136
中小企業の近代化　118
中ソ友好同盟相互援助条約　59
チューリップ投機　222
朝鮮戦争　63, 65, 67, 73, 89
ツーショット　29
月の石　151
つげ義春　63
津島寿一　21
堤堯　77
ディーン・アチソン　71
テレビ　83, 89, 117, 149, 151
東海道新幹線　124, 134, 168
東京オリンピック　124, 132, 134, 140, 144
東京タワー　117
東西対立（冷戦）　58, 63, 70, 73, 75, 219
東条英機　18, 81, 94, 95
統制経済　95
道路公団民営化　258
徳川宗敬　70
特需景気　63, 65
特例国債（赤字国債）　145, 146, 171, 186, 194, 213, 214, 268
土光敏夫　194
土地　208, 218, 221
ドッジ・ライン　62, 65, 199
トマ・ピケティ　41
苫米地義三　70
トルーマン・ドクトリン　58, 65

〈な行〉

中内㓛　143
中曽根康弘　132, 143, 160, 162, 195, 217, 247
中根千枝　234
なべ底景気　96
南海泡沫事件　222
二階堂進　212
ニキ三スケ　94
ニクソン・ショック　123, 154, 175, 179
西岡武夫　224
西尾末広　56, 57
西村栄一　80
日米安全保障条約　4, 66, 69, 70, 72, 73, 97, 273, 275
日米繊維問題　148
日米パートナーシップ　131
日米防衛協力のための指針（ガイドライン）　272, 273, 275
日米貿易摩擦　204
ニッカ　162
日韓基本条約　146
日産コンツェルン　94
日ソ国交回復　84, 91
日中共同声明　164
日中国交正常化　164, 172
日中平和友好条約　185

二・二六事件　51
日本国有鉄道（国鉄）　198
日本債券信用銀行　244
日本社会党（社会党）　53, 55, 70, 220
日本自由党（自由党）　21, 48, 55, 57, 70, 81, 84
日本新党　235
日本進歩党　49
日本専売公社　198
日本長期信用銀行　244
日本電信電話公社　198, 208
『日本の戦後（上）』　101
日本万国博覧会　150, 154
日本民主党　83, 84
日本列島改造論　118, 165, 168, 257
『日本列島改造論』　164
『ネクスト・ソサエティ』　174
ねじれ現象　247
農業の機械化　122
農業の近代化　117, 122
農地改革　42, 44
野口悠紀雄　100, 103
野坂昭如　45
野坂参三　53
野田佳彦　261, 266
野中広務　247

〈は行〉

バカヤロー解散　80
パケット　130
橋本龍太郎　228, 241, 253, 270
橋本龍伍　241
バターン号　21
羽田孜　228, 231, 235, 237
鳩山一郎　21, 48, 81, 265
鳩山和夫　81
鳩山由紀夫　261, 265
バブル経済　202, 210, 214, 218, 221, 224, 229, 279
浜口雄幸　31
浜田幸一　168
馬融　192
バラク・オバマ大統領　274
バラマキ財政　193
ハリー・トルーマン　58
バルカン政治家　181
阪神・淡路大震災　240
ピーター・ドラッカー　174, 178
非核三原則　148, 159
東久邇宮稔彦　16, 18, 23, 26, 52, 238
東久邇宮盛厚　17
東日本大震災　266
日野原節三　57
平野力三　56
広田弘毅　51
貧乏人は麦を食え　113
ブーちゃん　135
福祉元年　170, 257
福田赳夫　145, 154, 161, 167, 181, 183, 195, 215, 247, 262
福田康夫　261, 262
藤波孝生　217, 224
藤山愛一郎　105, 139, 141
婦人参政権　39
不戦条約（ケロッグ＝ブリアン条約）　34
物価統制令　48

復興金融金庫（復金） 55, 57
プラザ合意 202, 204, 206
ブラックマンデー 209, 210
不良債権 229, 243
ブレトンウッズ体制 156
分離返還論 148
ベトナム戦争 147
ベルリンの壁 219
防共の砦 60, 75, 219
ポール・バラン 128
星島二郎 70
星野直樹 94
細川護熙 235
細川隆元 159
北海道拓殖銀行 244
ポツダム宣言 16

〈ま行〉

前尾繁三郎 193
牧野伸顕 51
待ちの佐藤 138
松岡洋右 93, 94
マッカーサー三原則 32
松下幸之助 267
松下政経塾 267
松平内大臣秘書官長 16, 19
松本烝治 32
満州産業開発五ヶ年計画 94
満州重工業開発株式会社 94
『見えざる革命』 174, 176, 178
三木武夫 56, 146, 161, 179, 180
三木武吉 84
ミズーリ号 24
水田三喜男 168
宮沢喜一 21, 62, 65, 106, 115, 186, 192, 205, 211, 217, 226, 229, 245, 260
宮沢裕 227
宮本常一 122
民主化政策 38, 43
民主自由党 58
（日本・国民）民主党 53, 56, 70, 264
無血開国 24
村井純 252
村上正邦 251
村山談話 239
村山富市 211, 238
名神高速道路 124, 134
毛沢東 59, 164
木曜クラブ 212
もはや「戦後」ではない 88
森茂喜 249
森田実 101
森喜朗 163, 168, 185, 193, 224, 249, 250
モンデール米駐日大使 237

〈や行〉

山一證券 144, 244
山崎巌 29
山崎拓 193
ヤマタノオロチ 236
闇将軍 197, 228
友愛 84
郵政民営化 258
郵便貯金 125
雄弁会 246, 249
預金封鎖 48
横手征夫 215, 216

吉田学校　108, 111
吉田健三　50
吉田茂　36, 48, 50, 52, 58, 65, 70, 80, 85, 108, 111, 138, 160, 255, 263, 276, 281
吉田松陰　93
吉田・ダレス会談　67
吉田ドクトリン　78, 131, 179, 219, 239, 256, 275
四〇日抗争　187, 197

〈ら行〉

リーマン・ショック　261, 262, 271
力道山　83
リクルート事件　216, 218, 223
理研コンツェルン　163
リチャード・ニクソン　132, 155, 204
流動性の罠　264
ルートヴィヒ・エアハルト　133
冷戦終結　219
レジャー　150
列島改造予算　165
連合国軍最高司令官総司令部（GHQ）　25, 29, 33, 38, 43
『老子』　36
労働組合の奨励　39
労働者派遣法　201
六五年不況　144
六〇年安保闘争　104, 106
盧溝橋事件　24
ロッキード事件（裁判）　181, 198
ロナルド・レーガン　132, 194, 198, 201
ロン・ヤス関係　132, 198

〈わ行〉

若槻礼次郎　31
『忘れられた日本人』　122
渡部恒三　228
ワラント債　207
湾岸危機　224
湾岸戦争　225

切りとり線

★読者のみなさまにお願い

この本をお読みになって、どんな感想をお持ちでしょうか。祥伝社のホームページから書評をお送りいただけたら、ありがたく存じます。今後の企画の参考にさせていただきます。また、次ページの原稿用紙を切り取り、左記まで郵送していただいても結構です。

お寄せいただいた書評は、ご了解のうえ新聞・雑誌などを通じて紹介させていただくこともあります。採用の場合は、特製図書カードを差しあげます。

なお、ご記入いただいたお名前、ご住所、ご連絡先等は、書評紹介の事前了解、謝礼のお届け以外の目的で利用することはありません。また、それらの情報を6カ月を越えて保管することもありません。

〒101-8701（お手紙は郵便番号だけで届きます）
祥伝社新書編集部
電話03（3265）2310
祥伝社ホームページ　http://www.shodensha.co.jp/bookreview/

★本書の購買動機（新聞名か雑誌名、あるいは○をつけてください）

________新聞の広告を見て	________誌の広告を見て	________新聞の書評を見て	________誌の書評を見て	書店で見かけて	知人のすすめで

★100字書評……戦後　日本の首相――経済と安全保障で読む

名前

住所

年齢

職業

中野明　なかの・あきら

ノンフィクション作家。1962年、滋賀県生まれ。同志社大学非常勤講師。歴史・経済・情報の三分野で執筆する。主な著作に『グローブトロッター――世界漫遊家が歩いた明治ニッポン』『岩崎弥太郎「三菱」の企業論』(朝日新聞出版)、『裸はいつから恥ずかしくなったか――日本人の羞恥心』(新潮社)。祥伝社新書からは『ドラッカー流　最強の勉強法』『物語　財閥の歴史』『幻の五大美術館と明治の実業家たち』などを出している。

戦後《せんご》 日本《にほん》の首相《しゅしょう》
――経済と安全保障で読む

中野《なかの》 明《あきら》

2015年 8 月10日　初版第 1 刷発行

発行者……………竹内和芳
発行所……………祥伝社しょうでんしゃ
〒101-8701　東京都千代田区神田神保町3-3
電話　03(3265)2081(販売部)
電話　03(3265)2310(編集部)
電話　03(3265)3622(業務部)
ホームページ　http://www.shodensha.co.jp/
装丁者……………盛川和洋
印刷所……………萩原印刷
製本所……………ナショナル製本

Printed in Japan　ISBN978-4-396-11431-2　C0221

〈祥伝社新書〉
現在の学習／知られざる歴史

207
ドラッカー流　最強の勉強法
「経営の神様」が実践した知的生産の技術とは
ノンフィクション・ライター
中野　明

274
悩める人の戦略的人生論
ドラッカー、ポーター、コトラー……人生の問題は経営戦略で解決できる！
中野　明

357
物語　財閥の歴史
三井、三菱、住友を始めとする現代日本経済のルーツを、ストーリーで読み解く
中野　明

407
幻の五大美術館と明治の実業家たち
設立の夢を果たせなかった「幻の美術館」の全貌を明らかにする
中野　明